教学系统中的脑机接口应用

周筠 徐韬 著

西北工业大学出版社

西安

【内容简介】 本书聚焦于教学系统、教学环境中的脑机接口方法与应用,介绍了教育脑机接口的发展现状,重点讨论了如何设计、开发和验证教学系统中基于脑电的脑机接口应用,此类脑机接口被用于学习情绪和认知状态的识别。同时,本书对准确诱发相应情绪和状态、构建分类器、处理非定长脑电数据等问题和关键技术进行了深入的研究。

本书旨在为学习者和教学人员提供学习情绪和认知状态测量和评估的应用,属于教育技术、脑机接口、机器学习、认知心理学等多个学科领域的交叉。本书内容专业性强,适合各类高等学校计算机、心理学、教育学等相关专业的研究生或本科生作为专业书籍使用,也适合相关领域人员参考和借鉴。

图书在版编目(CIP)数据

教学系统中的脑机接口应用/周筠,徐韬著. —西安:西北工业大学出版社,2024.6
ISBN 978-7-5612-7376-0

Ⅰ.①教… Ⅱ.①周… ②徐… Ⅲ.①脑科学-人-机系统-应用-教育科学 Ⅳ.①G640-057

中国国家版本馆 CIP 数据核字(2024)092714 号

JIAOXUE XITONG ZHONG DE NAOJI JIEKOU YINGYONG
教 学 系 统 中 的 脑 机 接 口 应 用
周筠 徐韬 著

责任编辑:王玉玲	策划编辑:查秀婷
责任校对:杨 兰	装帧设计:高永斌 李 飞

出版发行:西北工业大学出版社
通信地址:西安市友谊西路 127 号　　邮编:710072
电　　话:(029)88491757,88493844
网　　址:www.nwpup.com
印 刷 者:西安真色彩设计印务有限公司
开　　本:710 mm×1 000 mm　　1/16
印　　张:8
字　　数:127 千字
版　　次:2024 年 6 月第 1 版　　2024 年 6 月第 1 次印刷
书　　号:ISBN 978-7-5612-7376-0
定　　价:40.00 元

如有印装问题请与出版社联系调换

前　言

基于脑电的脑机接口技术是理解人脑内在认知活动、实现计算机自动识别认知与情绪状态的的新型技术,也是支持教学系统提供个性化教学的突破手段。笔者试图通过基于脑机接口的学习情绪识别研究,提高教学系统的智能性。该研究可为现代教育科学中新型学习分析应用提供理论和关键技术支撑,引领认知与情绪识别的脑机接口发展。在此研究基础上,笔者撰写了这部专著,供读者参考。

本书聚焦于教学系统、教学环境中的脑机接口方法与应用,旨在为学习者和教学人员提供学习情绪和认知状态测量和评估的方法,属于教育技术、脑机接口、机器学习、认知心理学等多个学科领域的交叉研究。在本书中,笔者深入讨论了教育脑机接口的发展现状,探索了如何设计、开发和验证教学系统中基于脑电的脑机接口应用,同时也对其中的一些重要问题和关键技术进行了深入研究。

本书共分 7 章。第 1 章主要阐述了脑电概念、基于脑电的脑机接口技术、现有学习情绪模型以及教育脑机接口的发展与现状;第 2 章讨论了脑机接口的工作原理,包括基于脑机接口技术的困惑状态识别系统与验证、脑机接口分类、采集设备以及实验注意事项;第 3 章深入探讨了脑机接口在学习过程中挖掘情绪的应用,讨论了如何利用情绪数据构建脑机接口来揭示学习者成绩背后的秘密、情绪及其模型以及情绪量表的相关内容;第 4 章研究了教育游戏中基于脑电的困惑情绪评估方法,解决了识别游戏学习背景下逻辑推理中困惑状态的问题;第 5 章介绍了一种处理变长脑电数据的动态自适应卷积投票方法,该方法遍历一次脑电数据即可识别认知状态;第 6 章探讨了脑电、节律、认知与情绪的关系,介绍了在线视频学习中识别认知负荷的脑机接口,以及节律如何反映认知和情绪;第 7 章讨论了基于脑电的脑机接口在教育领域中的挑战以及未来的研究方向。

本书是笔者承担的国家自然基金面上项目"智能教学系统中基于脑机接口的困惑情绪识别与双向调节策略研究"(62077036)以及"基于多模态数据三元表示的学习状态建模和识别研究"(62377039)的阶段成果之一,凝结了近年来笔者对基于脑机接口的学习情绪与认知状态识别研究的一些思考和实践结论。

在撰写本书的过程中,笔者吸收了国内外学者同仁的研究成果,在此谨向这些作者表达诚挚的谢意;同时,也衷心感谢出版社相关工作人员的辛勤劳动;本书在编写过程中得到了课题组研究生李世虔、邓丽霞、陶亚艺、张慧的支持和帮助,在此一并表示感谢。

由于笔者水平有限,书中难免存在疏漏和不足之处,敬请各位读者及同行专家批评指正,以便再版时进行完善和提高。

著 者

2024 年 1 月

目 录

第1章 脑机接口概述 ·· 1
    1.1 引言 ·· 1
    1.2 什么是脑机接口 ·· 2
    1.3 学习情绪 ·· 6
    1.4 教学系统中的脑机接口研究现状及意义 ························ 12
    1.5 小结 ·· 15
    参考文献 ·· 15

第2章 脑机接口的工作原理 ·· 24
    2.1 困惑情绪脑机接口研究 ·· 24
    2.2 被动式脑机接口 ·· 31
    2.3 脑电电极与采集设备 ·· 33
    2.4 脑机接口实验 ·· 35
    2.5 小结 ·· 36
    参考文献 ·· 37

第3章 脑机接口挖掘学习中的情绪 ·· 40
    3.1 脑机接口技术揭示成绩背后的秘密 ····························· 40
    3.2 情绪与情绪模型 ·· 49
    3.3 情绪量表 ·· 51
    3.4 小结 ·· 52
    参考文献 ·· 52

第 4 章 教育游戏中基于脑电的困惑情绪评估方法与实践 ······ 55

4.1 教育游戏评价的研究背景与意义 ······ 55
4.2 教育游戏中基于脑电的情绪识别系统的体系结构设计 ······ 62
4.3 教育游戏中基于脑电的情绪识别系统的构建与验证 ······ 65
4.4 教育活动中被动式脑机接口系统构建的挑战与启示 ······ 73
4.5 脑机接口与机器学习关联 ······ 75
4.6 小结 ······ 76
参考文献 ······ 76

第 5 章 针对不同被试变长脑电数据处理方法研究 ······ 83

5.1 变长脑电数据问题 ······ 83
5.2 卷积仲裁投票方法 ······ 86
5.3 变长脑电数据处理的模型设计与验证 ······ 91
5.4 小结 ······ 97
参考文献 ······ 97

第 6 章 脑电、节律、认知与情绪 ······ 101

6.1 在线视频学习中识别认知负荷的脑机接口 ······ 101
6.2 节律如何反映认知和情绪 ······ 109
6.3 小结 ······ 110
参考文献 ······ 111

第 7 章 脑机接口在教育领域中的未来研究展望 ······ 115

7.1 相关理论研究的挑战与展望 ······ 115
7.2 相关实践研究的挑战与展望 ······ 117
7.3 小结 ······ 120
参考文献 ······ 120

第1章 脑机接口概述

1.1 引　　言

随着教育信息化的发展,在线学习得到飞速普及,但不论是在线视频教学系统还是智能教学系统,都存在学习效率普遍偏低、学习效果难以评估和量化的问题。教育心理学的研究表明,学习者的内部认知加工决定了学习效率和效果。传统教学中,教师能够利用语言交互和表情等表征及时察觉学生内部认知加工的情况,进而通过语言、表情、姿势的引导,上课节奏、示例的转换等,使学生的认知状态调整到预期理想水平,达到学生的兴趣和参与最大化。现有在线学习系统缺乏对学习者内部认知加工的感知以及对学习者的学习情绪的准确识别,不能提供相应自适应调节与反馈功能,因而无法将学习者的学习情绪调整到个体最理想水平,不能满足个性化需求和有效帮助学习者克服困难。

当今信息技术、新材料、新能源、生物技术等高新技术已成为科技进步的重要推动力,并迅速向教育领域渗透。美国于2013年发布"脑计划",欧盟和日本也在2013年、2014年相继发布"脑计划"。面对激烈的国际竞争,中国脑科学家早在2013年就开始酝酿中国的"脑计划",并不断取得进展。因此,随着大脑处理感知信息研究的进展、脑信号记录装置的进步、信号处理与机器学习算法的发展,利用脑机接口技术识别认知状态及情绪的研究受到高度关注,涌现出一批专门从事相关研究的高水平团队。清华大学、北京大学、浙江大学、上海交通大学、北京航空航天大学、中国科学院、天津大学、兰州大学、西安交通大学等在国内率先开展了脑机感知认知、情绪等方面的研究[1-4]。这些研究都极大地加快了脑机接口技术从理论走向实用的步伐。目前,脑机接口技术已在航天航空、军事、神经康复、游戏娱乐等领域体现出重要的应用价值,而近期的研究使得其应用范围扩展至教育领域[5-6]。

基于脑电的脑机接口技术是理解人脑内在认知活动、实现计算机自动识别情绪的新型技术,也是支持教学系统提供个性化教学的突破手段。通过基于脑机接口的学习情绪识别研究,能够提高教学系统的智能性,为现代教育科学中新型学习分析应用提供理论和关键技术支撑,引领认知与情绪的脑机接口发展。

1.2 什么是脑机接口

1.2.1 脑电

脑电(Electroencephalography,EEG),是一种记录脑电活动的电生理监测方法,通过脑电记录仪于头皮处收集人脑自身产生的微弱生物电,放大记录后得到曲线图[7]。脑电技术测量的是众多锥体细胞兴奋时的突触后电位的同步总和,主要采集大脑皮质中的电活动[8]。脑电信号与脑区活动、情绪状态有着密切关系,能够表达脑部甚至身体的功能与状态,可用于跟踪毫秒量级的大脑信息处理过程及研究分析认知加工的具体细节,为认知能力的变化提供客观评价手段。脑电分析测量具有客观性、实时性、准确性等优点,被认为是非常有前景的认知生理测量评价方法[9]。图 1.1 是脑机设备 OpenBCI 采集的脑电信号。

脑电技术主要采集人脑皮质中的电活动,是一种非侵入式技术。在脑电试验中,受试者会戴上采集脑电信号的装置,这些装置是一些嵌入记录电极的帽子或头盔。湿电极帽需要电极膏来减小阻抗(见图 1.2),干电极帽则可直接接触头皮(见图 1.3)。国际 10-20 系统头皮电极位置的标准化约定如图 1.4 所示,这一约定确保不同电极帽或头盔所使用的电极名称和位置的一致性。实际应用中,电极数一般从 1 个到 256 个不等,较常用的电极数量有 1 个、2 个、4 个、8 个、16 个、32 个和 64 个。

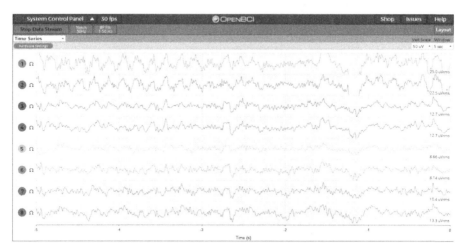

图 1.1　脑机设备 OpenBCI 采集的脑电信号

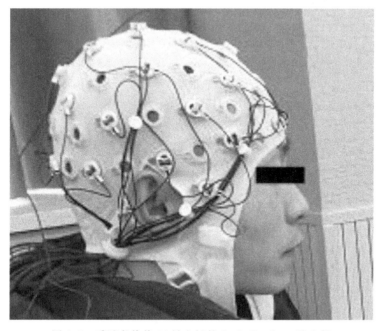

图 1.2　受试者戴着 64 导电极的 Brain Products 脑电帽

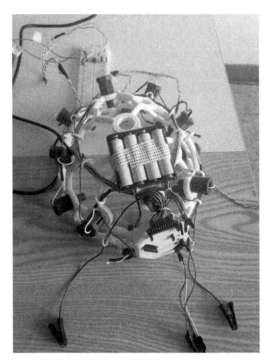

图 1.3　有 8 个导电极的 OpenBCI 脑电头盔

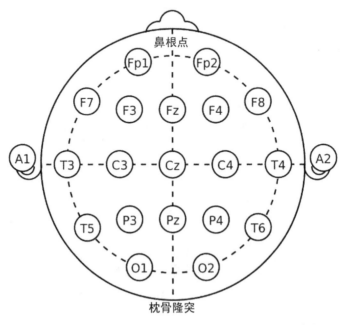

图 1.4　国际 10-20 系统头皮电极位置的标准化约定[10]

脑电技术可用于记录大脑活动的神经振荡，这些振荡以节律的方式表现，常见的节律包括 delta、theta、alpha 和 beta 节律。delta 节律（0.5～4 Hz）最慢且振幅最高，在睡眠中能够检测到，可用于研究睡眠或睡眠障碍以及影响睡眠的一些因素（如饮酒等）。theta 节律（4～8 Hz）常与认知负荷、工作记忆有关的大脑活动相关，典型研究包括 n-back 认知负荷实验、空间导航任务等。当人处于放松或闭眼状态时，alpha 节律（8～13 Hz）可在枕叶区被检测到，它常被用于研究注意力。beta 节律（13～30 Hz）可在顶叶与额叶区被检测到，大脑的焦虑和活跃活动与该波相关，因此，beta 节律常被用于研究警觉。

1.2.2 基于脑电的脑机接口技术

基于脑电的脑机接口（Brain-Computer Interface，BCI）技术不仅能够将大脑发出的指令信息直接转换为能够驱动外部设备的命令，还可以感知外部环境对大脑神经中枢的刺激响应信息，通过信号处理、模式识别和机器学习来识别认知状态、情绪变化等[8]，利用放置在头皮上的电极记录大脑信号，具有良好的时间分辨率、高可用性、便携性和价格优势等。

近年来，BCI 受到心理学、教育学、认知神经学、计算机科学等领域学者的高度关注，相关研究主要集中在以下两类范式：基于运动想象的主动式脑机接口（Active BCI）和基于感知状态的被动式脑机接口（Passive BCI）。前者主要研究不同形式运动想象的识别，用户利用脑机接口与机械、虚拟物体等进行交互。后者主要实现认知状态和情绪状态的识别与分类，如识别感知错误、欺骗、注意力[11]、认知负荷[12]、疲劳、反感情绪、紧张[1,13]等。脑电模式在心理学、认知神经学中已被证明与人类情绪和认知状态存在强关联性，能够表征心理状态及认知过程，并被用于理解和研究内在心理状态（如紧张、愉快等）、情绪状态，以及注意力、认知负荷等认知状态。

用于脑电信号分析的机器学习技术是构建脑机接口的重要组成部分。利用机器学习，可以实现将神经活动映射为控制命令，形成脑机界面和脑机交互，从而使得使用者可以直接利用脑来进行控制。机器学习在被动式脑机接口中也具有举足轻重的作用,利用分类器可对脑的认知状态进行识别和预测。在这种应用中,监督学习算法是构成脑机接口的核心部分。

目前基于机器学习的分类方法大致可分为两类:传统方法和端到端方法。在传统方法支持的分类过程中,需对脑电信号在时域、频域或空域[14-15]进行滤波,以提取特征并进行特征选择,然后将其用于训练分类器,用于情绪识别BCI[16-17]、运动想象脑控等。在相关研究中,构建脑机接口分类器最常用的算法是支持向量机(Support Vector Machine,SVM)。由于SVM对脑电数据分类的良好性能和对小样本的适应性,许多基于脑电的情绪和认知状态识别的研究工作都是基于SVM的。SVM的基本思想是找出最大边距超平面来构建分类器。目前较多研究[1, 2, 4, 18-20]采用支持向量机及其相关算法对脑电信号进行分类。

端到端方法[21]可以通过原始EEG学习而无需任何人工提取特征来构建分类器,该方法在难以确定要提取哪些特征的情况下非常适用。它仅用一个神经网络即可替代多个步骤,从而省去了特征提取和选择的过程。在当前使用EEG技术的教育研究中,由于端到端方法对数据需求量大,脑电设备普及率低,脑电数据不易采集,所以目前该方法使用较少。但这一方法功能强大,未来一定会越来越多地被嵌入教学系统的脑机接口中。

1.3 学习情绪

1.3.1 学习情绪模型

学习过程中产生的情绪或情感状态会影响学习体验,从而促进或抑制学习。例如:当学习者开始一个新的感兴趣的话题时会产生好奇心;实现一个目标会带来快乐或满足;当现有认知结构与将要学习的知识不一致时会产生困惑;如果不能消除困惑,就会产生挫折感。显然,情绪过程与认知活动交织在一起,并且支持这两个过程的神经回路有相当大的重合部分[22]。无论是在面对面的课堂教学中,还是在智能教学系统(Intelligent Tutoring System,ITS)中,学习者的情绪总是伴随着学习发生。在传统课堂中,教师可以很容易地捕捉学生的认知和情感状态,并对授课速度和内容做出相应调整,使学生的兴趣和参与度重新聚焦,从而帮助学生克服困难和解决问题,提高课堂效率。近年来,越来越多的研究采用多种技术来监测学生的认知和情感状态,并试图提供相应的自适应界面和内容,以提高 ITS 或在线学习的学习效率。

在不同领域的研究中,学习情绪的术语各不相同,包括学习中的情感状态(affective states in learning)、情感(affect)[23]、学习中的情绪状态(emotive states in learning)、学习情绪(learning emotions)、学业情绪(academic emotions)[24]、以学习为中心的情感状态(learning-centered affective states)[25]等。情感状态/心情和情绪状态是情感计算中常用的术语。在教育学和教育技术中,更多地提到了学习过程中的情绪、学业情绪和以学习为中心的情感状态。在本书中,我们用学习情绪来代替其他术语。

研究者建立情绪识别系统的依据常来自于离散模型和维度模型(见图1.5)。离散模型是指由喜悦、愤怒、惊讶、悲伤、恐惧和厌恶等基本离散情绪组成的情感空间。维度模型将情感空间分为两个维度[效价和唤醒(Valance-Arousal,VA)][26] 或三个维度[愉悦、唤醒和支配(Pleasure-Arousal-Dominance,PAD)][27]。效价是指正反两方面的特征,唤醒表示情绪的强度,支配反映了个体处于控制还是被控制的地位。

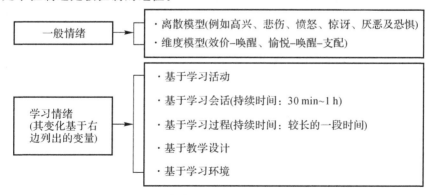

图 1.5 一般情绪与学习情绪模型的分类

一般情绪模型的描述和术语通常用于描述学习情绪模型,而后者根据学习情境更加具体。学习情绪模型随着学习相关变量而变化(见图1.5),即基于学习活动[24]、基于学习会话[28]、基于学习过程[29]、基于教学设计[30]和基于学习环境[25]。例如,Pekrun等人[24]将学习情绪分为四类:成就、主题、社交和认知。这一分类涵盖了学习者在学习活动中经历的各种情感。在此模型中,学习者可能产生与结果相关的情绪(成就,如满足、焦虑和挫折),对某些主题的偏好情绪(主题,如对小说中主人公的移情),与同伴和教师的互动情绪(社交,如骄傲、羞耻和嫉妒),处理遇到的新信息时的情绪(认知,如惊讶和困惑)。Kort等人[29]提出了学习过程情绪循环四象限模型,将情绪与认知学习过程整合在一起,该模型描述了一个学习过程中学习者可能会经历的情绪:学习者在学习新知识点时,获得满足感和知识带来的惊奇感;随着学习的加深,学习者可能产生困惑,继而借助各种方法消除困惑;进一步,学习者体验到更多负面情绪,认知焦点会转向消除错误的认识;当新旧认知协调时,学习者产生顿悟,新观点带来的体验促使学习者重新进入新的一轮学习状态。D'Mello等人[31]提出了复杂学习中情感状态的动态过程模型,指出了困惑情绪在推动深度学习和探究中的关键作用。Lodge等人[32]提出了最优及次优困惑区域概念模型。

总之,这些一般情绪模型和学习情绪模型构成了情绪识别系统的基础,并指导了情绪诱发的研究。

1.3.2 学习情绪测量

学习情绪的测量方法有很多(见图1.6),包括自陈报告、观察者报告、面部表情识别、手势和姿势识别、交互分析和生理测量。

这些方法可以按照两个维度进行分类(见表1.1):客观性(主观和客观)和特征性(外部和内部)。客观性是指情绪量表的获得方式,即主观或客观的方式。特征性描述了代表来自身体外部或内部的情绪特征。Manikin自陈量表(Self-

Assessment Manikin,SAM)[33]是一种图形评分系统,广泛应用于情感效价和唤醒维度的情绪评估。Bradley 和 Lang 发现,与使用文字量表相比,受试者使用 SAM 能更快、更直接地评估情绪水平。这种非文字设计评估被证明是评估情绪水平的有效工具。面部表情监测是基于计算机视觉技术的最重要的情绪测量手段之一。例如,文献[34]探索了从学生面部表情自动识别其参与度的方法。对交互的物理测量(如记录和分析打字速率和错误)进行研究,可以监测受试者的情绪。脑电(EEG)、近红外(Near Infrared,NIR)、皮肤电反应(Galvanic Skin Response,GSR)等生理指标具有良好的时间分辨率,能够监测受试者的情绪变化和趋势;功能性磁共振成像(functional Magnetic Resonance Imaging,fMRI)具有良好的空间分辨率,可与 EEG 同时用于检测和分析受试者的情感、认知状态和其他心理状态。

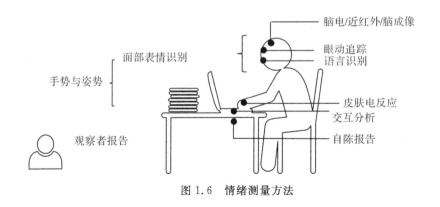

图 1.6 情绪测量方法

表 1.1 根据客观性和特征性对测量学习情绪的方法分类

客观性	特征性	
	外部	内部
主观	问卷 1. 自陈报告 2. 观察者报告	无

续表

客观性	特征性	
	外部	内部
客观	物理测量 1. 行为识别（如面部表情识别、手势与姿势识别、眼动识别） 2. 交互分析（如打字速率） 绩效测量（如任务完成时间、分数）	生理测量 1. 脑活动测量（如脑电、近红外、功能性磁共振成像） 2. 其他方式（如皮肤电反应）

1.3.3 情绪脑电数据库与诱发问题

创建脑电数据集或数据库是脑机接口研究的一个重要任务。脑电数据集或数据库一般包括目标情绪诱发资源、实验信息、标记过的脑电数据等，能够为无法获取脑电数据的研究人员提供数据，或为研究人员测试其方法提供基准。目前，大多数可用的数据库都集中于由维度或离散情感模型描述的常见情绪，如快乐、悲伤、恐惧等，而学习情绪或认知状态的数据库较为缺乏。这些现有的数据库中的诱发刺激大多是视频剪辑或电影剪辑，标记数据的方法主要基于自我评估。在数据模态方面，除了脑电数据，有些数据库还包含了皮电等数据。各数据库使用了具有不同精度的脑电采集设备，例如 NeuroScan System，Emotiv EPOC 等。采集脑电的通道数量有 1、14、32、62、257 不等。

DEAP 数据库[35]包含了 32 位参与者观看音乐视频的数据，模态包括脑电、皮肤电反应、呼吸幅度、皮肤温度、血容量、肌电图和眼电图，这个数据库用于分析维度模型所描述的普通情绪。MAHNOB - HCI[36]也是一个多模态数据库，包含 27 个受试者的生理数据（如 EEG 数据）以及面部表情数据，主要用于分析离散情绪。SEED 数据集[37]使用中国影片剪辑作为诱发刺激来分析正向、负向和中性情绪，该数据集收集了 15 名参与者的 EEG 数据。HR - EEG4EMO 数据库[38]着眼于 7 个正向和负向情绪，收集了 27 个受试者的 EEG、GSR、ECG（心电图)、呼吸、SpO_2(血氧饱和度)和脉搏率数据,诱发刺激是法语影片。ASCERTAIN 数据库[39]包含了单通道 EEG、ECG、GSR 和面部视频的数据,诱发刺激是电影剪辑,该项工作研究了唤醒度、效价以及性格所描述的情绪。其他类似情绪多模态数据库还包括 AMIGOS[40]、DREAMER[41] 和 MPED[42],它们旨在分析离散的情绪。

在设计和构建基于脑电的学习情绪识别脑机接口之前,最重要的问题之一是准确地(根据情绪量表或唤醒度)、有效地(根据情绪类型或效价)、高效地(具有可接受的潜伏期)诱发情绪。目前的情绪诱发方法可分为刺激材料和环境。关于刺激材料,通常使用图片、声音(或音乐)和视频片段。除作为视觉刺激的国际情感图像系统(IAPS)和作为听觉刺激的国际情感数字化声音系统(IADS)之外,研究人员还经常采用电影片段或其他视频作为视听刺激。近年来,研究人员逐渐建立了诱发一般情绪的标准化和非标准化的电影片段数据库,如参考文献[2]中所讨论的。这些电影片段被用来诱发快乐、恐惧和厌恶等情绪,这些情绪比学习情绪更强烈。目前,在与教育有关的情绪研究中,测试、教学内容、图片、声音、课程视频片段都已被用于触发学习情绪。例如,在参考文献[25]中,研究人员使用一对一专家辅导课的教学内容来诱发学习者产生困惑、挫折、焦虑、好奇等情绪。此外,视频作为视听刺激,更接近传统课堂上的真实学习,因此逐渐被考虑用于诱发情绪。例如,Wang 等人[43]使用在线课程视频片段诱发学习中的困惑和非困惑状态。此外,环境也是激发学习情绪的有效方法之一。在参考文献[22]的研究中,研究人员开发了 4 个计算机学习环境,这些环境是用 AutoTutor 精心设计的,以引发学习中的困惑。在这些环境中,使用了模糊暗示、提示、分解场景、矛盾和错误反馈,这些都与学习过程密切相关。

虽然研究者试图准确地诱发正确的情绪,但预先设计的诱发刺激与实际诱发出的情绪之间仍然存在差距。即便构建分类器时使用了大量的数据,这种差距仍会导致分类算法所构建的分类器不准确。例如,在参考文献[43]中,Wang 等人使用大规模开放式在线课程视频片段作为困惑刺激,使用单通道脑电设备采集数据。他们训练并测试分类器,以检测学生在观看课程材料时何时感到困感。该研究发现,使用 EEG 来区分学生是否感到困惑的准确率(约 60%)差强人意。在这项研究工作中,局限性主要是由困惑情绪的诱发引起的。一方面,刺激材料被认为是令人困惑的,但参与者并没有感到困惑;另一方面,为训练分类器分配标签的观察者没有得到正式的训练和指导。这两个因素都可能导致标签错误,从而降低分类的准确性。总之,设计和建立标准化的、有效的诱发材料数据库,并对这些材料进行标记,是情感识别的基础,也是当前研究的一项艰巨任务。

1.4 教学系统中的脑机接口研究现状及意义

1.4.1 教学系统中的脑机接口研究现状

当前,针对认知状态和情绪的脑机接口研究主要集中在注意力、参与度、认知负荷和基础情绪方面。在教学系统中,这些脑机接口则更侧重于监测注意力和认知负荷。

1.4.1.1 注意力识别的相关研究

注意力是直观判断学习者是否参与到学习中的重要指标,一些教育、计算机相关领域的学者已开展在线学习自适应交互下学习者注意力(attention)或参与度(engagement)识别监测及调整机制研究[3, 11, 44-46]。注意力识别方法主要有两类:基于参与度公式及阈值设定;基于机器学习分类技术。Pope 等人[47]通过实验研究发现比率参数是反映任务参与度的理想指标,因此,一些研究建立在该公式的基础上[3, 11, 44]进行注意力测量,通过实验建立阈值参数来识别注意力的下降,利用视听觉提示或相应注意力训练模块来引导注意力。如 PAY ATTENTION 研究[11]中的 BCI 使用 Fp1 位置采集脑电,采用参与度公式监测注意力变化,当注意力程度低于设置阈值时,自适应代理机器人会利用视觉、听觉提示(如节律性抬手等)引导学生注意力重定位,从而提高学习效率。除此以外,研究人员还通过机器学习算法识别注意力状态,如兰州大学 Hu 等人[46]使用共轭梯度特征选择(CFS)法结合 k 邻近(k - Nearest Neighbor,kNN)分类算

法区分注意力高、中、低三种状态,准确率达到80.84%±3.0%

1.4.1.2 认知负荷识别的相关研究

此外,目前国内外关于认知负荷的脑电研究已取得一定成果,主要针对认知负荷的脑电表征进行分级识别,对不同认知负荷类型的脑区分析及分类研究较少,诱发刺激任务多为实验室环境下的n-back或特定认知任务[47]。澳大利亚认知心理学家John Sweller建立的认知负荷理论(Cognitive Load Theory,CLT)[48]是目前认知负荷研究中最为科学的理论,已获得诸多实证研究的支持,成为认知加工领域研究的主要热点问题及理论基础。认知负荷是指在一个特定的作业时间内施加于个体认知系统的心理活动总量。利用CLT能够最大限度地降低阻碍学习的认知负荷、优化促进学习的认知负荷,使学习者合理地利用有限的认知资源,达到最好的学习效果。Sweller等人基于认知负荷来源,将认知负荷区分为内在认知负荷(Intrinsic Cognitive Load,ICL)、外在认知负荷(Extraneous Cognitive Load,ECL)和相关认知负荷(Germane Cognitive Load,GCL)[49]。与ICL和ECL相关的心理资源调用及激活脑区不同,其中,由学习材料的内在特征施加给工作记忆的负荷为ICL,其一般是由学习材料的复杂性及与之相联系的学习者先前知识等因素引起的[50]。通过问卷选取具有相同先验知识的被试,学习材料难度不同可导致被试产生不同的认知负荷,学习材料难度高,被试认知负荷程度高。由学习材料的组织与呈现方式施加给工作记忆的负荷为ECL。同一个知识点,文字呈现比图文结合方式造成的负荷可能更高。

Michael和Raoul等一些心理学者对认知负荷的脑电研究结果表明[51],P300波的波幅与诱发其产生的刺激任务的脑力资源相关,脑事件相关电位(Event-related Potentials,ERPs)的波幅(Amplitude,AMP)、潜伏期(Latency,LAT)与认知负荷总是呈正相关,即波幅越低,潜伏期越短,消耗的认知资源越少,产生的认知负荷越低,反之,则越高。Gevins及一些学者的研究表明[52-55],认知负荷的加重与前额区theta节律功率的增大相关,与枕叶区alpha节律功率的减小相关。近年来,随着机器学习的迅猛发展,使用机器学习和信号处理技术结合的方法处理脑电信号成为重要研究方向,采用特征选择及分类算法来进行认知负荷程度的识别[12,52,56-60],如Wang等人[56]采用Emotiv Epoc脑电设备采集信号,提取信号功率、统计特征、几何特性、时间频率特征,使用临近支持向量机(Proximal Support Vector Machine, PSVM)算法对受试者参与 n-back 任务的三个难度等级进行分类(1-back、2-back、3-back),其分类准确率最高达到84%。Honal 和 Schultz[57]采用Electro-Cap电极帽及自制EEG头带采集信号,提取功率谱特征,使用SVM及人工神经网络(Artificial Neural Network, ANN)算法对讲座及会议场景下认知负荷程度分类,基于Electro-Cap的二类(高、低)准确率达到92.2%。Grime等人[52]提取 4～50 Hz 的信号功率作为特征,使用基于信息增益的特征选择和基于朴素贝叶斯的分类方法对认知负荷程度进行分类,其二类的准确率达到99%,四类(四个记忆层次,分别是back、1-back、2-back、3-back)的准确率达88%。

1.4.1.3 情绪识别的相关研究

清华大学计算机系媒体所与中国科学院心理所的研究[2],采用离散模型和电影片段情绪诱发,利用短时离散傅里叶变换频域提取特征及稀疏线性判别进行特征选取,使用SVM算法识别,其区分正性与负性情绪的准确率为86.63%。Honal和Schultz[57]提取功率谱特征,使用SVM及人工神经网络对脑电数据进行分类,准确率达到92.2%。上海交通大学的Wang等人[4]采用电影片段诱发情绪,对比主成分分析(Principal Component Analysis, PCA)、线性判别分析(Linear Discriminant Analysis, LDA)和基于关联规则的特征选择(Correlation-based Feature Selection, CFS)算法这三种特征降维方法,并使用流形学习Isomap算法处理情绪变化曲线,区分正向与负向情绪的平均准确率为82.38%。在机器学习分类算法上,有些研究还使用了kNN、ANN等方法。总之,这些研究中使用的电极数目有3～62个不等,研究的情绪包括高兴、悲伤、惊奇、恐惧、厌恶、愤怒、愉悦、平静、兴奋、放松,以及正向、负向和中性情绪[58-60]。

与一般情绪相比,人们对学习情绪的识别和脑机接口研究较少,对情绪的描述以及定义都缺乏理论支持。此外,学习情绪的诱发比一般情绪的诱发更困难,某些学习情绪必须在特定的学习情境中或学习过程中才能诱发出来。虽然可借鉴一般情绪的识别方法用于学习情绪识别,且这些方法具有较好的准确性和表现,但对学习情绪的检测及其应用的研究仍有很长的路要走。

1.4.2 研究教学系统中的脑机接口的重要意义

教育中的脑机接口研究属于教育技术、脑机接口、机器学习、认知心理学等多个学科领域的交叉,依托认知情绪脑机接口、时频分析、功能性脑网络、机器学习等前沿技术。其研究成果能为学习情绪提供一种新型的监测和调节手段,对揭示学习过程中困惑情绪的规律及指导智能教学系统中基于情绪的自适应交互与反馈,具有重要的研究意义和教育价值。

此外,教育系统的脑机接口关键技术可推广用于智能化课堂教学、在线交互式教学视频平台、交互式数字学习环境、教育游戏等的情绪识别与反馈,以深度探究学习者内部心理活动,形成未来教育新面貌。

1.5 小 结

ITS 或在线学习系统从教学方法到评价方法变革了传统课堂。基于 EEG 的情绪识别试图从大脑活动的角度分析人类的情绪,为学习过程的研究打开了新的一页。在本章中,笔者介绍了基于脑电的脑机接口技术,讨论了学习情绪模型与测量方法,以及学习情绪与认知状态脑机接口的研究现状,最后总结了研究教学系统中脑机接口的重要意义。随着研究的深入,越来越多的新技术和设备将被引入到学习情绪研究领域中,未来将充满机遇与挑战。

参 考 文 献

[1] LI X W, HU B, SUN S T, et al. EEG-based mild depressive detection using feature selection methods and classifiers [J]. Comput Meth

Programs Biomed, 2016, 136: 151-161.

[2] LIU Y J, YU M J, ZHAO G Z, et al. Real-time movie-induced discrete emotion recognition from EEG signals[J]. IEEE Trans Affective Comput, 2018, 9(4): 550-562.

[3] HUANG J, YU C, WANG Y T, et al. Focus: enhancing children's engagement in reading by using contextual BCI training sessions[C]//Proceedings of the SIGCHI Conference on Human Factors in Computing Systems. Toronto, Ontario, Canada: ACM, 2014: 1905-1908.

[4] WANG X W, NIE D, LU B L. Emotional state classification from EEG data using machine learning approach[J]. Neurocomputing, 2014, 129: 94-106.

[5] 尚俊杰,王钰茹,何奕霖. 探索学习的奥秘:我国近五年学习科学实证研究[J]. 华东师范大学学报(教育科学版), 2020, 38(9): 162-178.

[6] GOSWAMI U. Neuroscience and education: from research to practice?[J]. Nat Rev Neurosci, 2006, 7: 406-413.

[7] Electroencephalography[EB/OL]. (2024-02-06)[2024-04-09]. https://en.wikipedia.org/wiki/Electroencephalography.

[8] RAO R P N. Brain-Computer Interfacing: An Introduction[M]. New York: Cambridge University Press, 2013.

[9] BRUNKEN R, PLASS J L, LEUTNER D. Direct measurement of cognitive load in multimedia learning[J]. Educ Psychol, 2003, 38(1): 53-61.

[10] 10-20 System (EEG)[EB/OL]. (2024-01-15)[2020-04-09]. https://en.wikipedia.org/wiki/10％E2％80％9320_system_(EEG).

[11] SZAFIR D, MUTLU B. Pay attention: designing adaptive agents that monitor and improve user engagement[C]//Proceedings of the SIGCHI

Conference on Human Factors in Computing Systems. Austin, Texas, USA: ACM, 2012:11-20.

[12] GERJETS P, WALTER C, ROSENSTIEL W, et al. Cognitive state monitoring and the design of adaptive instruction in digital environments: lessons learned from cognitive workload assessment using a passive brain-computer interface approach[J]. Front Neurosci, 2014, 8: 385.

[13] SHARMA N, GEDEON T. Objective measures, sensors and computational techniques for stress recognition and classification: a survey [J]. Comput Meth Programs Biomed, 2012, 108 (3): 1287-1301.

[14] DAS N, BERTRAND A, FRANCART T. EEG-based auditory attention detection: Boundary conditions for background noise and speaker positions[J]. J Neural Eng, 2018, 15(6): 066017.

[15] HU X, CHEN J J, WANG F, et al. Ten challenges for EEG-based affective computing[J]. Brain Sci Adv, 2019, 5(1): 1-20.

[16] 柯清超,王朋利. 脑机接口技术教育应用的研究进展[J]. 中国电化教育, 2019(10): 14-22.

[17] XU J H, ZHONG B C. Review on portable EEG technology in educational research[J]. Comput Hum Behav, 2018, 81: 340-349.

[18] LI M, LU B L. Emotion classification based on gamma-band EEG [C]//2009 Annual International Conference of the IEEE Engineering in Medicine and Biology Society, September 3-6, 2009. Minneapolis, MN: IEEE, 2009: 1223-1226.

[19] LIN Y P, WANG C H, JUNG T P, et al. EEG-based emotion recognition in music listening[J]. IEEE Trans Biomed Eng, 2010, 57

(7):1798-1806.

[20] NIE D, WANG X W, SHI L C, et al. EEG-based emotion recognition during watching movies[C]//2011 5th International IEEE/EMBS Conference on Neural Engineering, April 27-May 1, 2011. Cancun: IEEE, 2011:667-670.

[21] LECUN Y, BENGIO Y, HINTON G. Deep learning[J]. Nature, 2015, 521:436.

[22] LEHMAN B, D'MELLO S, GRAESSER A. Confusion and complex learning during interactions with computer learning environments[J]. Internet High Educ, 2012, 15(3):184-194.

[23] CALVO R A, D'MELLO S. Affect detection: an interdisciplinary review of models, methods, and their applications[J]. IEEE Trans Affective Comput, 2010, 1(1):18-37.

[24] PEKRUN R, LINNENBRINK-GARCIA L. Academic emotions and student engagement[M]//PEKRUN R, LINNENBRINK-GARCIA L. Handbook of Research on Student Engagement. Boston, MA: Springer, 2012:259-282.

[25] LEHMAN B, MATTHEWS M, D'MELLO S, et al. What are you feeling? investigating student affective states during expert human tutoring sessions[M]//Lecture Notes in Computer Science. Berlin, Heidelberg: Springer, 2008:50-59.

[26] KENSINGER E A. Remembering emotional experiences: the contribution of valence and arousal[J]. Rev Neurosci, 2004, 15(4):241-252.

[27] MEHRABIAN A. Pleasure-arousal-dominance: a general framework for describing and measuring individual differences in temperament[J].

Curr Psychol, 1996, 14(4): 261-292.

[28] ARROYO I, COOPER D G, BURLESON W, et al. Emotion sensors go to school[C]//Proceedings of AIED. Germany: Springer, 2009: 17-24.

[29] KORT B, REILLY R, PICARD R W. External representation of learning process and domain knowledge: affective state as a determinate of its structure and function[C]// Proceedings of Workshop on Artificial Intelligence in Education (AI-ED 2001). Germany: Springer, 2001: 64-69.

[30] D'MELLO S K, LEHMAN B, PERSON N. Monitoring affect states during effortful problem solving activities[J]. Int J Artif Intell Educ, 2010, 20(4): 361-389.

[31] D'MELLO S, GRAESSER A. Dynamics of affective states during complex learning[J]. Learn Instr, 2012, 22(2): 145-157.

[32] LODGE J M, KENNEDY G, LOCKYER L, et al. Understanding difficulties and resulting confusion in learning: an integrative review [J]. Front Educ, 2018, 3: 49.

[33] BRADLEY M M, LANG P J. Measuring emotion: The self-assessment manikin and the semantic differential[J]. J Behav Ther Exp Psychiatry, 1994, 25(1): 49-59.

[34] WHITEHILL J, SERPELL Z, LIN Y C, et al. The faces of engagement: automatic recognition of student engagement from facial expressions[J]. IEEE Trans Affective Comput, 2014, 5(1): 86-98.

[35] KOELSTRA S, MUHL C, SOLEYMANI M, et al. DEAP: a database for emotion analysis; using physiological signals[J]. IEEE Trans Affective Comput, 2012, 3(1): 18-31.

[36] SOLEYMANI M, LICHTENAUER J, PUN T, et al. A multimodal database for affect recognition and implicit tagging[J]. IEEE Trans Affective Comput, 2012, 3(1): 42 – 55.

[37] ZHENG W L, LU B L. Investigating critical frequency bands and channels for EEG-based emotion recognition with deep neural networks [J]. IEEE Trans Auton Mental Dev, 2015, 7(3): 162 – 175.

[38] BECKER H, FLEUREAU J, GUILLOTEL P, et al. Emotion recognition based on high-resolution EEG recordings and reconstructed brain sources[J]. IEEE Trans Affective Comput, 2020, 11(2): 244 –257.

[39] SUBRAMANIAN R, WACHE J L, ABADI M K, et al. ASCERTAIN: emotion and personality recognition using commercial sensors[J]. IEEE Trans Affective Comput, 2018, 9(2): 147 – 160.

[40] MIRANDA-CORREA J A, ABADI M K, SEBE N, et al. AMIGOS: a dataset for mood, personality and affect research on individuals and groups[J]. IEEE Trans Affective Comput, 2021,12(2):479 – 493.

[41] KATSIGIANNIS S, RAMZAN N. DREAMER:a database for emotion recognition through EEG and ECG signals from wireless low-cost off-the-shelf devices[J]. IEEE J Biomed Health Inform, 2018, 22(1): 98 – 107.

[42] SONG T F, ZHENG W M, LU C, et al. MPED:a multi-modal physiological emotion database for discrete emotion recognition[J]. IEEE Access, 2019, 7: 12177 – 12191.

[43] WANG H, LI Y, HU X, et al. Using EEG toimprove massive open online courses feedback interaction [C]// Proceedings of AIED Workshops. Germany: Springer, 2013: 59 – 66.

[44] ANDUJAR M, GILBERT J E. Let's learn!: Enhancing user's engagement levels through passive brain-computer interfaces[C]//CHI '13 Extended Abstracts on Human Factors in Computing Systems. Paris, France: ACM, 2013: 703-708.

[45] MARCHESI M, RICCÒ B. BRAVO: A brain virtual operator for education exploiting brain-computer interfaces[C]//CHI'13 Extended Abstracts on Human Factors in Computing Systems. Paris, France: ACM, 2013: 3091-3094.

[46] HU B, LI X W, SUN S T, et al. Attention recognition in EEG-based affective learning research using CFS + KNN algorithm[J]. IEEE/ACM Trans Comput Biol And Bioinf, 2018, 15(1): 38-45.

[47] POPE A T, BOGART E H, BARTOLOME D S. Biocybernetic system evaluates indices of operator engagement in automated task[J]. Biol Psychol, 1995, 40(1/2): 187-195.

[48] SWELLER J. Cognitive load during problem solving: Effects on learning[J]. Cogn Sci, 1988, 12(2): 257-285.

[49] SWELLER J, VAN MERRIËNBOER J J G, PAAS F. Cognitive architecture and instructional design: 20 years later[J]. Educ Psychol Rev, 2019, 31(2): 261-292.

[50] ULLSPERGER P, METZ A M, GILLE H G. The P300 component of the event-related brain potential and mental effort[J]. Ergonomics, 1988, 31(8): 1127-1137.

[51] TRIMMEL M, HUBER R. After-effects of human-computer interaction indicated by P300 of the event-related brain potential[J]. Ergonomics, 1998, 41(5): 649-655.

[52] GRIMES D, TAN D S, HUDSON S E, et al. Feasibility and

pragmatics of classifying working memory load with an electroencephalograph[C]//Proceedings of the SIGCHI Conference on Human Factors in Computing Systems. Florence, Italy: ACM, 2008: 835 - 844.

[53] GEVINS A, SMITH M E, LEONG H, et al. Monitoring working memory load during computer-based tasks with EEG pattern recognition methods[J]. Hum Factors, 1998, 40(1): 79 - 91.

[54] GEVINS A, SMITH M E. Neurophysiological measures of cognitive workload during human-computer interaction[J]. Theor Issues Ergon Sci, 2003, 4(1/2): 113 - 131.

[55] LEI S, ROETTING M. Influence of task combination on EEG spectrum modulation for driver workload estimation[J]. Hum Factors, 2011, 53(2): 168 - 179.

[56] WANG S Y, GWIZDKA J, CHAOVALITWONGSE W A. Using wireless EEG signals to assess memory workload in the n-back task [J]. IEEE Trans Human-Mach Syst, 2016, 46(3): 424 - 435.

[57] HONAL M, SCHULTZ T. Determinetask demand from brain activity [C]// Proceedings of BIOSIGNALS(1). Setubal: SciTe Press, 2008: 100 - 107.

[58] ANTONENKO P D, NIEDERHAUSER D S. The influence of leads on cognitive load and learning in a hypertext environment[J]. Comput Hum Behav, 2010, 26(2): 140 - 150.

[59] HEGER D, PUTZE F, SCHULTZ T. Online workload recognition from EEG data during cognitive tests and human-machine interaction [M]//Lecture Notes in Computer Science. Berlin, Heidelberg: Springer, 2010: 410 - 417.

[60] BROUWER A M, HOGERVORST M A, VAN ERP J B, et al. Estimating workload using EEG spectral power and ERPs in the n-back task[J]. J Neural Eng, 2012, 9(4): 045008.

第 2 章　脑机接口的工作原理

2.1　困惑情绪脑机接口研究

本节将探讨困惑状态的诱发和利用脑电检测困惑状态的可行性,并将其作为实现用于监测困惑和干预学习的基于 EEG 的脑机接口的第一步。在本节所述的研究中,诱发困惑的实验设计基于瑞文标准推理测验,包括 16 名参与者的有效数据。每个令人困惑和不困惑的测试项目在 15 s 内呈现,原始的脑电数据通过 Emotiv 脑电设备采集,并采用端到端的分类方法。研究结果表明,本节提出的分类方法所构建的分类器,在困惑与非困惑状态的分类上,准确率能够达到 71.36%,取得了预期的效果。

2.1.1　困惑识别系统的体系结构设计

学习过程中产生的情绪与认知活动共享神经回路,这些情绪会对学习产生积极或消极的影响。在这些情绪中,困惑通常发生在学习过程中,并被证明有利于学习[1]。困惑指的是当学习者面对新知识与现有知识之间的不一致而不知如何处理时所引发的情绪状态[2]。这种认知不平衡通常发生在个体面临困境时,其发生频率并不低。在学习中,一旦困惑被成功消除,就会产生深层次的学习和理解。

在传统的课堂教学中,教师可以很容易地捕捉到学生的困惑状态,并通过调整课堂内容和例子来帮助学生消除困惑。目前,网络课程平台或智能教学系统的应用已经很普遍,然而,它们远远不能达到检测学生的认知和情感状态的程度,所以难以提供有效的教学策略和适应性教学。

近年来,对学习中出现的困惑进行量化、可视化及干预的研究,引起了研究人员极大的兴趣[2-3]。在这些研究中,测量困惑是关键的一步,也是其他研究工作的基础。数字环境中情感状态的测量方法根据数据采集方式主要分为三类:问卷测量法、物理测量法和生理测量法。其中,问卷测量法最为常用,它由自陈报告测量和观察者报告测量两部分组成,属于主观测量方法。许多文字量表被设计用来评估认知或情感状态。此外,Manikin自陈量表是一种图形评分量表,被广泛用于在效价和唤醒维度上测量情绪[4]。物理测量和生理测量的优势在于其客观性和实时性,因此相关研究逐渐增多。物理测量包括面部表情的检测[5]、手势和姿势的检测[6]、互动分析等。与物理测量相比,生理测量可以更为直接地评估个体内部特征。在大脑活动方面,脑电、近红外和功能性磁共振成像被用来监测情绪的变化和趋势。

商用脑电数据采集设备价格相对便宜,EEG具有良好的时间分辨率,适合应用于教育领域。目前用于情绪识别系统的基于EEG的脑机接口分类方法一般根据时频特征[7]并结合支持向量机[8]等机器学习算法。滤波器组共空间模式(Filter Bank Common Spatial Pattern,FBCSP)[9]是提取脑电数据特征的经典方法之一,其主要思想:首先通过对原始脑电信号的分离得到不同的频带,然后从频带中提取特征,最后根据这些特征进行分类。上述这些方法都需要经过伪迹去除、特征提取和特征选择这些处理阶段。端到端的深度学习[10]方法可以采用一个单一的神经网络代替所有步骤,精简了特征提取过程,其特点是通过对原始脑电数据的分析将其直接映射到目标。

如图2.1所示,这项关于困惑情绪的识别系统体系结构包括三个部分:原始脑电信号记录、数据预处理和分类算法。

本研究采用Emotiv Epoc+脑电设备采集与不同困惑状态相关的原始脑电数据,该设备是由Emotiv设计的商业脑电设备,用于测量人脑活动以及认知和情绪状态。Emotiv Epoc+是一种便携式无线采集系统,通过USB加密狗连接到计算机,并通过头戴式设备记录原始脑电数据。该设备的电极位置基于10-

20 系统，具有 14 个通道（AF3、F7、F3、FC5、T7、P7、O1、AF4、F4、F8、FC6、T8、P8 以及 O2）和 2 个参考通道（A1 及 A2）。Epoc＋成本低且应用普遍，在评估认知活动的研究中已经证明了其可行性[11]。在本研究中，14 个电极均被使用并收集了数据。

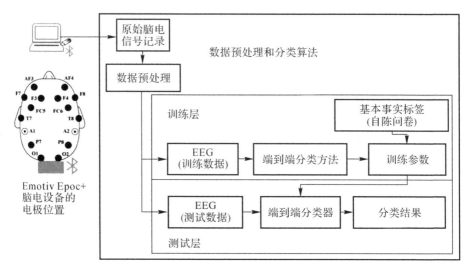

图 2.1　基于 EEG 的困惑识别系统的结构

在预处理时，本研究将数据分割为长度为 15 s 的片段，并采用真实标签进行标记。在实验结束时，本研究要求参与者自陈并填写他们对每张刺激图片进行推理时感到的困惑状态，以获取训练和测试分类器的真实标签。这是为了避免刺激材料被认为是令人困惑的但参与者并不感到困惑的情况，或刺激材料被认为是不困惑的但参与者感到困惑的情况。

在数据处理方面，本研究主要使用的是一种端到端的深度学习算法。虽然商用设备较为便携，但从中获得的信号不如医学脑电采集设备那样精确。因此，传统的方法很难提取到有效特征并进行分类。本研究采用深度学习中的卷积神经网络（Convolutional Neural Network，CNN）[10, 12]直接检测困惑状态。与传统方法相比，该方法选择不同通道的原始数据直接作为输入，减少了将原始脑电数据转换为标准频率的过程和特征提取过程。它可以直接对个体是否感到困惑进行分类,为处理低精度脑电数据提供了一种全新的方法。

图2.2显示了这个方法的主要结构。该方法的核心是CNN。它由三层组成:卷积层、池化层以及一个全连接层。由于Emotiv Epoc+有14个脑电通道,扫描序列约为每秒200次,所以将1 s转换为14×14×14的矩阵作为输入数据。实验中的标记数据表明了困惑状态,即困惑或非困惑。在实现方面,基于机器学习方法的系统包括两个阶段,即训练和测试。

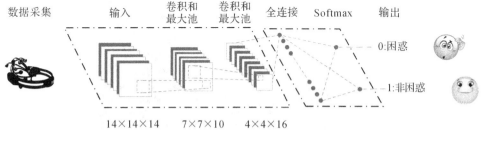

图2.2 端到端学习模型的主要结构

2.1.2 困惑识别系统的构建与验证

本节将介绍困惑识别系统的构建与验证,包括验证实验中的参与者信息、刺激设计、实验过程及数据分析。

2.1.2.1 实验参与者

实验的主要步骤:首先,测试人员向参与者介绍了本研究的基本信息,并简要说明了实验过程;接下来,测试人员向参与者征求使用所记录的脑电数据和问卷数据的许可,这些数据将用于研究;然后,受试者在测试人员的帮助下戴上脑电设备并观看诱发刺激,完成任务(见图2.3);最后,受试者在观看诱发刺激后,按要求填写问卷并解释自己的选择。

17名受试者参与了这项实验,然而,由于一名参与者观看刺激时发生了意外中断,因此其数据被剔除掉。最终只有16名参与者的数据有效,这些数据被预处理和处理。这个实验共有2名男性参与者和14名女性参与者,其年龄分布在 23～34 岁,平均值为 24.69 岁(标准差为 2.65 岁)。大部分参与者都是在校研究生。

图 2.3 受试者佩戴 Emotiv Epoc+脑电设备观看图片刺激并完成实验任务

2.1.2.2 困惑诱发与刺激设计

在困惑检测的研究中,困惑诱发是一项艰巨的任务。困惑诱发的有效性决定了分类的成功。本研究采用瑞文矩阵测试来诱发困惑,但改变了呈现顺序以满足实验要求。瑞文标准推理测验是一种非文字性的团体测验,通常用于教育环境中来测量学习者的抽象推理能力[13],适用于 5 岁及以上的人群。瑞文矩阵的原始测试包含难度渐增的模式匹配任务,对语言能力的依赖性很小。

在推理测试中,困惑水平会随着时间的增加逐渐降低,而困惑状态在短时间内则很容易被诱发。因此,在实际实验之前,我们做了一个预测试,以确定瑞文测验的图片能否引起困惑或不困惑,并确定了每幅图片的呈现间隔为 15 s。当每幅图片呈现 15 s 时,假设 40 幅中有一半难以推断的图片会令人困惑,而其余易于推断的图片则不会令人困惑。然后,给这些诱发刺激物贴上标签,分成两组:困惑图片组(命名为 A)和不困惑图片组(命名为 B)。本实验采用被试内设计,所有受试者观看 20 张预先指定的令人困惑的图片[见图 2.4(a)]和 20 张不令人困惑的图片[见图 2.4(b)]。两组的呈现顺序基于一个 2×2 的平衡拉丁方[14](见图 2.5)。在每个测试题目中,要求受试者在 15 s 内识别并选择一个缺失项目。实验中使用的图形是 3×3 或 2×2 的矩阵形式。

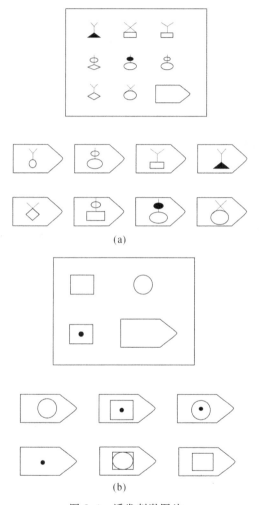

图 2.4 诱发刺激图片

(a) 与瑞文测验问题类似的示例问题,困难级别高,以诱发困惑状态;
(b) 与瑞文测验问题类似的示例问题,困难级别低,以诱发非困惑状态

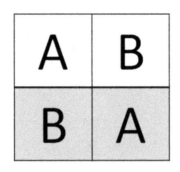

图 2.5 平衡学习效果的拉丁方

2.1.2.3 实验过程

在这项任务中,要求每个参与者观看 E-Prime 呈现的刺激,并在观看结束后填写问卷(见图 2.6)。欢迎导语呈现 5 s,然后倒计时 3 s,提醒参与者为测试做好准备。在执行推理任务时,参与者除了眨眼外被要求保持静止,睁开眼睛观看呈现的每一张图片,找出应该匹配的图案。在这个过程中,一台笔记本电脑记录脑电数据,另一台电脑呈现刺激信号,这两个系统的系统时间都被记录下来,被用于数据的预处理。推理任务完成后,测试人员被要求试填写一份问卷,内容包括被试的基本信息、对推理测试的回答以及对每个测试的困惑程度的自我评估。

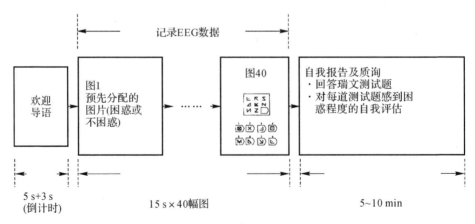

图 2.6 实验过程

2.1.2.4 验证结果

本研究利用 TensorFlow 构建了用于困惑分析的端到端学习模型。实验环境如下：操作系统 Ubuntu 17.10，显卡 GeForce GTX 970，内存 15.6 GB。输入数据来自上述 16 名受试者的原始 EEG 数据。每个受试者都完成了 40 道独立的测试题，包括困惑和不困惑的图片问题。共有 640（16×40）条数据用于构建和测试分类器。随机选择 30% 的样本作为测试集，其余 70% 的样本为训练集。学习率设为 0.000 01，Adam[15] 被设为优化器。训练损失如图 2.7 所示。通过测试集的验证，本研究最终得到 71.36% 的准确率，符合预期。

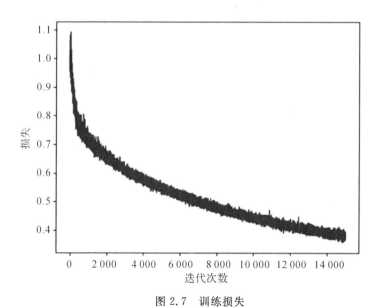

图 2.7 训练损失

2.2 被动式脑机接口

由上述的一项困惑情绪脑机接口的研究可以看到，脑机接口的研究一般包含脑机接口系统的设计、构建与验证三部分，接下来，本节将对脑机接口系统的一般框架、脑电电极及设备展开讨论。

2.2.1 脑机接口分类

Zander 和 Kothe 将脑机接口划分为以下三类[16]：主动式脑机接口（Active BCI）、反应式脑机接口（reactive BCI）以及被动式脑机接口（Passive BCI）。这一分类方法目前被研究学者广为接受。在主动式脑机接口中，用户通过脑活动直接且有意识地进行控制，这种控制独立于任何外部事件。主动式脑机接口利用数据处理技术，从用户的脑信号中提取控制的意图，并将处理后得到的信息传给用户希望控制的装置，典型的应用例如对某个 3D 物体进行旋转、击打，或利用虚拟键盘进行打字，或是用户通过脑机接口控制电子机械设备，例如轮椅、机器人或者机械假肢。

在反应式脑机接口中，用户大脑对外部刺激作出反应，这些反应被脑机接口接收并处理，使得用户能够对计算机及相关设备进行控制。反应式脑机接口不同于主动式脑机接口之处在于，控制不是用户主动发出而是通过用户间接调制而得到的。

被动式脑机接口从无自愿控制目的的任意大脑活动中获得输出，通过用户状态的隐含信息来丰富人机交互活动。目前在教育领域方面，研究人员所关注的脑机接口主要是被动式脑机接口，通过监测学习者的大脑活动，识别和评估学习者的认知负荷、注意力水平、感知错误和情绪等，并在此基础上进行自适应的推荐或情绪调整。

2.2.2 被动式脑机接口的一般框架

被动式脑机接口的一般框架主要包含以下三个部分。

首先是 EEG 数据采集阶段。在这一阶段，需要根据目标认知或学习情绪状态，设计和构建相应的学习资源或学习环境，用于刺激和诱发。学习者的交互行为或刺激界面会导致触发信号的发生，脑机接口通过 EEG 采集设备收集包含有触发信号的脑电数据并发送至计算机。一般呈现给学习者刺激和诱发的是一台计算机，用于收集 EEG 数据并进行监控的是另一台计算机。这里的刺激界面可以是某个学习环境或学习材料,也可以是学习场景。

其次是数据处理阶段。在这个阶段,通过 EEG 采集设备收集包含有触发信号的脑电数据,结合在实验中或实验结束后收集的学习者自我评估数据、测试等数据,可形成带标记的数据,通过信号处理、机器学习技术,对数据进行预处理及处理,构建分类器,达到实时检测或识别认知状态或学习情绪的目的。

最后,通过可视化已检测或识别的状态,能够帮助教育工作者判断和评估认知状态或学习情绪,从而调整课堂或在线学习的教学设计或策略,或是为情感智能系统提供自适应依据。

在以上这个过程中,研究人员常常聚焦研究设计良好的刺激与诱发,保证诱发出目标状态,或是研究采用哪些识别方法处理脑电数据,以得到更高的准确率。

2.3 脑电电极与采集设备

脑电信号采集设备是通过附着在头皮上的电极来采集大脑产生的电信号,电极的位置通常按照国际标准导联 10-20 系统放置[17]。10-20 系统或其他定位系统能够保证不同电极帽所使用的电极名称和位置的一致性,也有助于研究人员了解测量的位置。

10-20 系统遵循以下放置规则,如图 2.8 所示,定义穿过鼻根(Nz 点)、枕骨隆突(Iz 点)、左右耳前方凹陷点(A1 和 A2 点)为赤道线,连接 Nz 点与 Iz 点形成中线,分为 10 等份并定义相应的点。电极以字母加数字命名,字母代表电极所处区域(Fp:前额叶,F:额叶,T:颞叶,P:顶叶,O:枕叶,C:中央),数字代表该电极与中线间距离,左半球为奇数,右半球用偶数,数字越小距离中线越近。中线上位置以字母 z 代替数字 0。

在电极数量方面,一般在构建被动式脑机接口的研究中,常选用的数量是 1 个(如测量 Fp1 位置的 NeuroSky MindWave)、8 个(如测量 Fp1,Fp2,C3,C4,T5,T6,O1,O2 的 OpenBCI)、14 个(如测量 AF3,F7,F3,FC5,T7,P7,O1,

AF4,F4,F8,FC6,T8,P8,O2 的 Emotiv Epoc+)。

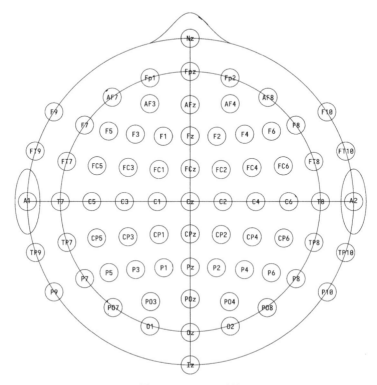

图 2.8 10-20 系统

目前,常用的 EEG 采集设备可根据帽子的类型分为脑电膏帽(gel-based)、盐水帽(sponge-based)以及干电极帽(dry)。在与教育相关的脑机接口研究中,特别是认知状态和学习情绪状态的识别研究,研究人员常常采用干电极帽,例如 OpenBCI、Emotiv、NeuroSky 等可穿戴式脑电采集设备使用的是干电极或者盐水电极。

脑电实验中所采集的信号一般由 EEG 脑电信号加上各种来源的噪声组成,这些噪声包括环境中的工频噪声(如 50Hz 的线路噪声)和其他生物电信号,如眨眼、肌肉活动等所产生的电信号,这些噪声又被称为伪迹。一般对所采集的信号先要进行伪迹处理,也是预处理的其中一步,这是因为伪迹会导致我们对实验结果做出错误的结论,特别是需要进行事件相关电位(Event-Related Potential

Technique,ERP)的研究。

针对工频噪声,可采用滤波的方式去除,针对眼动等伪迹,可采用独立成分分析方法(Independent Component Analysis,ICA)及一些改进算法如 FastICA 等,使用 EEGLAB[18]或者利用 Python 都可以实现消除伪迹。EEGLAB 是一个 MATLAB 工具箱,可用于处理和分析 EEG(脑电),包括 ICA 分析、时频分析、消除伪迹、ERP 的统计分析等功能。

2.4 脑机接口实验

脑机接口的研究离不开脑机接口实验及实验室,良好的实验环境、设备、专业的实验人员能够为脑机接口系统的搭建护驾保航。以下将讨论脑机接口实验室的搭建和脑机接口实验步骤及注意事项。

2.4.1 脑机接口实验室的搭建

由于脑机接口实验室更接近实际应用中的环境,因此与 ERP 实验室的搭建相比,无需在防尘、防静电、防噪声、静音方面做过多的装修。一般来说,一间 20 m^2 的房间可作为实验实施所需场地,用于被动式脑机接口实验室的搭建,更大的空间还可满足主动式脑机接口的搭建,如控制无人机、轮椅等设备。

除桌椅外,实验室中需配备脑电设备、存放柜,至少两台电脑主机和两台显示器(即两套),其中一套用于脑电采集和数据收集监控,另一套用于刺激诱发。有条件的实验室,还可增加清洗空间。

采集的脑电数据需要及时编号拷贝和保存,人工智能分析与计算系统是被动式接口实验室的核心系统,因此,实验室还需配备用于分析数据的高性能服务器或深度学习机器。

2.4.2 脑机接口实验步骤及注意事项

在脑机接口实验中,一般遵循以下步骤:招募被试并收集被试基本信息;被试签订知情同意书;被试参加脑电实验并完成目标任务;被试填写自陈问卷并接受访谈;被试简单清理并离开。

选择合适的被试对象对研究的质量和可靠性具有重要的影响,招募被试可通过专门的平台,也可通过广告展板的方式实施。要根据实验的目的选择招募被试,注意被试性别、年龄、受教育程度、利手等因素。被试在参加实验前要保持头发头皮清洁,最好在前一天或当天清洗过头发和头皮。实验人员还需告知被试保持精神状态良好,前一天不熬夜、不疲惫,能够专心参加实验。

被试在实验前,需要被告知实验的目的、流程、操作等基本信息,并签订知情同意书。数据共享目前已成为脑科学研究的一个重要部分,当研究人员想要分享实验收集的数据时,在知情同意书中要对其中数据共享所带来的潜在风险和注意事项进行详细的说明,并需要被试在充分了解的前提下签订知情同意书。

被试在签订知情同意书后参加脑电实验,并在实验人员的指导下充分了解实验操作,然后完成目标任务。首先,实验人员帮助被试佩戴脑电帽并进行调试,干电极帽可直接佩戴好后进入实验。如果是脑电膏帽,就需要实验人员在电极与头皮之间的空隙注入导电膏,常用的方法是利用一根非尖锐的无菌注射器,将导电膏注入到脑电帽上的小孔中。如果是盐水帽,就需提前将帽子浸入到配好的盐水中,擦干流水后戴到被试头上。当脑电帽佩戴好并调试结束后,实验人员开始记录脑电数据,并在不干扰被试的前提下监控整个数据收集过程。

实验过程中或者结束后,会邀请被试填写问卷,以收集被试在完成任务时的状态或其他重要信息,有时会增加一个简短访谈,以进一步收集信息。

实验结束后,为被试提供清洁工具并帮助被试进行清洁,如洗去头上的脑电膏并吹干头发,完毕后发放被试费。

2.5 小 结

本章首先讨论了一项关于困惑情绪脑机接口研究,通过介绍这项重要认知情绪识别系统的体系结构设计、构建与验证,使得读者对脑机接口的工作原理有一个基本认识。在此基础上,本章就脑机接口的一般框架、脑电电极及设备、如何搭建脑机接口实验室及实施实验展开讨论。

参 考 文 献

[1] D'MELLO S, LEHMAN B, PEKRUN R, et al. Confusion can be beneficial for learning[J]. Learn Instr, 2014, 29: 153-170.

[2] LEHMAN B, D'MELLO S, GRAESSER A. Confusion and complex learning during interactions with computer learning environments[J]. Internet High Educ, 2012, 15(3): 184-194.

[3] WANG H, LI Y, HU X, et al. Using EEG to improve massive open online courses feedback interaction [C]//Proceedings of AIED Workshops. Germany: Springer, 2013: 59-66.

[4] BRADLEY M M, LANG P J. Measuring emotion: the self-assessment manikin and the semantic differential[J]. J Behav Ther Exp Psychiatry, 1994, 25(1): 49-59.

[5] WHITEHILL J, SERPELL Z, LIN Y C, et al. The faces of engagement: automatic recognition of student engagement from facial expressions[J]. IEEE Trans Affective Comput, 2014, 5(1): 86-98.

[6] CASTELLANO G, VILLALBA S D, CAMURRI A. Recognising human emotions from body movement and gesture dynamics [M]//Lecture Notes in Computer Science. Berlin, Heidelberg: Springer, 2007: 71-82.

[7] WAN L, FADLALLAH B H, KEIL A, et al. Quantifying cognitive state from EEG using phase synchrony [C]//2013 35th Annual International Conference of the IEEE Engineering in Medicine and Biology Society (EMBC), July 3-7, 2013. Osaka: IEEE, 2013: 5809-5812.

[8] ZHOU Y, XU T, CAI Y P, et al. Monitoring cognitive workload in online videos learning through an EEG-based brain-computer interface [M]//Lecture Notes in Computer Science. Cham: Springer International Publishing, 2017: 64-73.

[9] ANG K K, CHIN Z Y, ZHANG H H, et al. Filter bank common spatial pattern (FBCSP) in brain-computer interface[C]//2008 IEEE International Joint Conference on Neural Networks (IEEE World Congress on Computational Intelligence), June 1-8, 2008. Hong Kong, China: IEEE, 2008: 2390-2397.

[10] LECUN Y, BENGIO Y, HINTON G. Deep learning[J]. Nature, 2015, 521: 436-444.

[11] WANG S Y, GWIZDKA J, CHAOVALITWONGSE W A. Using wireless EEG signals to assess memory workload in the n-back task[J]. IEEE Trans Human-Mach Syst, 2016, 46(3): 424-435.

[12] KRIZHEVSKY A, SUTSKEVER I, HINTON G E. Imagenet classification with deep convolutional neural networks [C]// Proceedings of Advances in Neural Information Processing Systems. New York: Curran Associates, 2012: 1097-1105.

[13] RAVEN J. The raven's progressive matrices: change and stability over culture and time[J]. Cogn Psychol, 2000, 41(1): 1-48.

[14] GRANT D A. The Latin square principle in the design and analysis of psychological experiments[J]. Psychol Bull, 1948, 45(5): 427-442.

[15] KINGMA D, BA J. ADAM:a method for stochastic optimization[C]// Proceedings of International Conference on Learning Representations. arXiv, 2014: 15.

[16] ZANDER T O, KOTHE C. Towards passive brain-computer interfaces: applying brain-computer interface technology to human -

machine systems in general[J]. Journal of Neural Engineering, 2011, 8(2): 025005.

[17] 10-20 System (EEG)[EB/OL]. (2024-01-29)[2024-04-10]. https://en.wikipedia.org/w/index.php?title=10%E2%80%9320_system_(EEG)&oldid=1200194996.

[18] EEGLAB[EB/OL]. (2024-02-15)[2024-04-11]. https://sccn.ucsd.edu/eeglab/index.php.

第3章 脑机接口挖掘学习中的情绪

3.1 脑机接口技术揭示成绩背后的秘密

考试中,当学习者被一道试题难住时,通常会猜测正确答案。有些人可能会使用一些策略来获得正确的答案,比如,寻找语法线索,排除异常值,若有几个答案类型相同则选择相反的答案,也有些人会随机选择答案。这些行为可能导致正确答案是被猜测出来的。因此,分数并不能完全反映学习者知识与技能的实际掌握水平,仅通过考试成绩并不能准确判断学习者是否掌握了学习内容。

逻辑推理能力造就了人类的独特性,并使人拥有卓越的智力水平[1]。在大多数测试中,不可避免地涉及逻辑推理能力的考察,它在与科学、技术、工程和数学(Science,Technology,Engineering & Mathematics,STEM)学科相关的知识发展中起着重要的作用。本章的研究提出了一种基于脑机接口的新技术,用以判断学习者在逻辑推理中选择正确答案时是猜测还是真正掌握了这道试题。构建高性能的脑机接口需要解决两个关键问题:第一,如何定义猜测状态并能在实验中准确地诱发猜测状态;第二,当学习者选择正确的答案时,如何区分猜测和理解。

个体在不确定正确答案时会经历困惑状态,因此,困惑状态是与猜测相关的一个关键指标。针对第一个问题,本研究采用困惑状态来定义猜测,并将受试者的试题答案与自陈报告数据相结合,来标记脑电数据以进行分类。本研究使用瑞文测验矩阵[2]来保证在实验中可以精确地诱发猜测状态。

第3章 脑机接口挖掘学习中的情绪

以往的研究[3-4]表明,困惑状态可以用脑电(EEG)来测量。在本章的实验中,我们记录了EEG信号,这些信号是多通道的、实时的,而且混合着噪声。由于对每个问题,每个人的回答时间是不固定的,所以从不同问题和不同被试身上采集的脑电信号长度不同。在这种情况下,分类算法不能直接用于识别猜测或理解的状态。因此,我们提出了一种基于投票的滑动时间窗(Sliding Time-window with Quorum-based Voting, STQV)方法来处理可变长度的数据。此外,我们采用传统的和端到端的分类算法作为分类器。结果表明,在区分逻辑测试项目的回答是基于猜测还是基于理解方面,本研究所提出的新型脑机接口的准确率达到了83.71%。

3.1.1 猜测识别系统的体系结构设计

如图3.1所示,脑机接口方法由4个步骤组成:在实验的逻辑测验中诱发猜测状态;使用采集设备记录带有触发信息的脑电信号;结合自评问卷标记数据;对数据进行预处理,建立分类器来识别猜测。在这一节中,我们将阐述和讨论该方法的核心部分,即定义和诱发猜测状态的设计实验,以及提出的识别猜测状态的STQV方法。

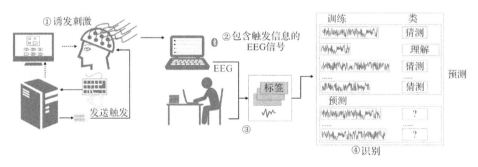

图3.1 方法论与脑机接口设计

3.1.1.1 定义并诱发猜测状态

在逻辑推理测试中,学习者可以通过两种方式命中正确答案:①猜测行为,称之为猜测;②掌握了相关概念和技能从而得出答案,称之为理解。本研究的假设:学习者的猜测行为可以通过脑机接口来识别,并能与理解状态区分开来。表3.1 展示了定义猜测状态的范例。变量 X 表示在实验中题目回答正确与否,记为 1(正确)或 0(错误)。受试者被要求在事后问卷中写下他或她对每个问题是否感到困惑。变量 Y 是指每一项对应的困惑状态,其值为 1 或 0,分别表示困惑或不困惑。假设 X 的值为 1,若 Y 等于 1,则假设猜测发生;若 Y 等于 0,则认为学习者理解并解决了问题。由于选了错误答案的猜测行为并不影响分数,因此本研究只关注学习者选择了正确答案的情况。通过这种方式,将项目答案与受试者自陈报告的数据结合起来,对脑电信号标记并进行分类。

表 3.1 用于定义猜测和理解状态的范例

$X=1$ 选择了正确答案	$Y=1$,困惑	$Y=1 \mid X=1$,猜测
	$Y=0$,不困惑	$Y=0 \mid X=1$,理解

接下来的难点在于,在实验中如何选择一个合适的逻辑测试作为刺激。首先,这个测试应该能够适用于每个人,其分数不会受到文化程度和知识水平的影响。其次,本实验中的项目难度指数(正确回答项目的学习者比例)[5]要较小,以便引起猜测行为。最后,为了最大限度减少交互作用引起的迁移,测试只应包含带有单个答案的选择题。基于这一思路,本研究采用了瑞文测验矩阵[2](RPM)来设计实验。在这个实验中,我们选择了 48 个项目,每个项目的回答时间限制在 15 s 以内。项目难度指数为 0~0.83,平均值为 0.27,偏向较高难度。

图 3.2 是一个测试示例,用于说明 RPM 的形式和规则。在一个测试中,一个图形矩阵以缺少一个图形的形式呈现,任务是根据推理从 6~8 个给定的选项中做出选择。该测试大多采用 3×3 矩阵的形式。这些测试几乎不依赖于受试者的语言能力、教育和文化背景。它适用于不同年龄和专业的受试者,并专门针对其推理能力的运用。

第 3 章　脑机接口挖掘学习中的情绪

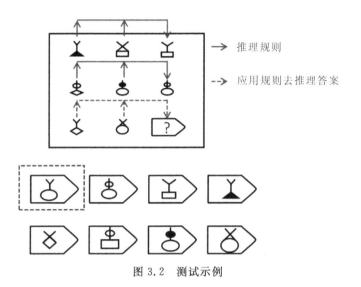

图 3.2　测试示例

3.1.1.2　识别猜测状态

为了识别猜测状态,我们提出了一种基于投票的滑动时间窗 STQV 方法(见图 3.3),将可变长度的脑电数据分割成固定长度的片段,预测每个片段的类别,并通过从片段中投票的方法来确定每个问题的类别。

采用滑动时间窗(Sliding Time-window,ST)方法主要解决可变长度输入的问题。此外,它解决了小样本问题并有效地增加了数据量。脑电信号被分割成若干个 4 s 的时间窗,两个连续的时间窗口之间的重叠为 3.5 s,步幅为 0.5 s,每个切片为 4 s。这些切片被用作分类的输入,每个切片被标记为一个类别:猜测或理解。在 ST 方法的测试步骤中,我们得到的是每个切片的分类结果,而不是问题项的分类结果。

基于投票的方法用于确定问题项的类别。每个切片都根据其类值分配一个投票。然后,每个问题项分别获得猜测标签(V_G)或理解标签(V_U)。给定的问题项总共有 V 个投票。为了确保 V 的值是奇数,我们将最后的一小段从整数秒中去除。对标签的分类需要遵守相应的规则(见图 3.3)。这些规则会确保问题项不会同时对应猜测和理解两种状态,最终只能倾向于一种状态。

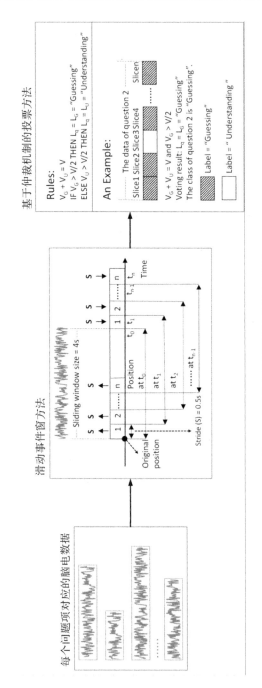

图 3.3 基于仲裁机制投票法的滑动时间窗

3.1.2 猜测识别系统的构建与验证

本实验招募了 23 名受试者,其中包括 11 名女性和 12 名男性,年龄分布在 20~47 岁(平均值为 24.48 岁,标准差为 6.36 岁)。所有受试者视力正常或矫正视力正常,均为右利手,受教育水平偏向高等教育。在实验中,首先向测试者解释了这项研究,并指导受试者阅读并签署了同意书。然后,受试者佩戴 OpenBCI 脑机设备(见图 3.4),观看 10 张风景图片,让大脑休息 150 s,接着完成观看用 E-Prime 2.0 编码的诱发刺激的任务,包括 48 个瑞文测试。E-Prime 记录了测试的答案。一台电脑呈现刺激,另一台笔记本电脑记录脑电信号,触发功能同步时间戳。最后,观看结束后,受试者需要填写问卷,包括基本信息、对每个测试的困惑程度的自我评估以及对自己所做选择的解释。

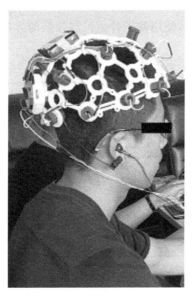

图 3.4 OpenBCI 设备

我们采用 OpenBCI-Cyton 板和 3D 打印头戴式设备采集原始脑电信号,数据通过蓝牙传输到计算机。该设备包括 8 个通道(Fp1、Fp2、C3、C4、T5、T6、O1 和 O2)以及基于 10-20 系统的 2 个参考(A1 和 A2)。采样频率为 250 Hz。我们开发了触发功能和硬件部件,以便精确地分割数据。

我们将 STQV 方法与滤波器组共空间模式（Filter Bank Common Spatial Pattern, FBCSP）方法和端到端 ConvNets 分类算法一起用于识别猜测或理解状态。为了提高脑机接口分类器的泛化性能，本研究按照受试者分割脑电数据。随机抽取 16 名受试者的数据构建训练集，另外 7 名受试者的数据为测试集。

相对于传统的分类方法，我们采用滤波器组共空间模式方法[6]对脑电信号进行处理，该方法已被广泛应用于脑电数据的解码。该方法包括四个步骤：多带通滤波器、基于共空间模式（Common Spatial Pattern, CSP）算法的空间滤波、CSP 特征的特征选择和所选 CSP 特征的分类。我们选择了三种主流的分类方法：支持向量机（Support Vector Machine, SVM）、线性判别分析（Linear Discriminant Analysis, LDA）和朴素贝叶斯概率窗口（Naive Bayesian Parzen Window, NBPW）。每一个切片都被分配了一个预测类别，要么是猜测，要么是理解（见图 3.5）。接下来，使用基于仲裁机制投票的方法预测问题的类别。

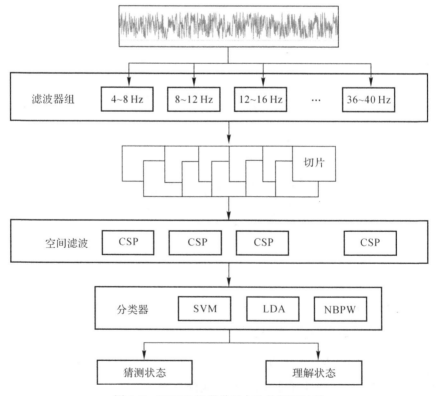

图 3.5　FBCSP 机器学习方法的解码过程

端到端方法[7]涉及深度学习算法,它利用原始数据进行分类,而无需手动提取特征。它用一个单一的神经网络代替多个操作步骤,从而精简特征提取过程。在这个脑机接口系统中,使用了端到端学习的卷积神经网络(ConvNets)算法。如图3.6所示,通过滑动时间窗分割了脑电数据,将获得的数据片段作为输入数据。为了避免EEG中个体差异的影响,采用Z-score标准化方法进行标准化处理。之后,使用四层卷积神经网络来预测每个切片的类别。然后,使用基于仲裁机制的投票方法预测每个问题的类别。

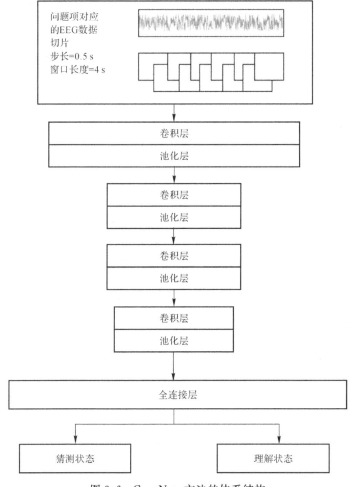

图 3.6 ConvNets 方法的体系结构

我们将评估 STQV 方法分成两步：第一步，利用脑电数据切片测试不同分类器的性能，这些切片是由 EEG 原始数据通过滑动时间窗口方法生成的；第二步，利用测试集中的数据测量每个问题的预测类别的准确性。

表 3.2 展示了带有 SVM、LDA 和 NBPW 分类算法的 FBCSP 和端到端 ConvNets 算法的结果。总体上，在预测 EEG 切片和问题的类别时，用 STQV 方法的 4 种分类算法的测试精度均高于 80%。对于 EEG 切片类别的预测，端到端方法的准确率高达 86.26%，高于 FBSCP 的其他三种分类方法（SVM、LDA 和 NBPW）。在问题类别的预测上，FBCSP 的 SVM 表现最好，略优于端到端方法，准确率为 83.71%。

表 3.2 FBCSP 和端到端 ConvNets 的分类结果

算法	FBCSP			CNN
	SVM	LDA	NBPW	
S	81.22%	82.04%	82.04%	86.26%
Q	83.71%	82.62%	80.65%	83.58%

注：S 为切片；Q 为问题；CNN 为 ConvNets。

初步的实验结果证实了本研究的假设。研究结果表明，本研究所提出的使用 STQV 方法的脑机接口能够区分在逻辑推理测试中学习者对一个测试题的正确答案是猜测的还是真正掌握了的。此外，值得强调的是，测试集中的被试与训练集中的被试是不同的，这证明该脑机接口具有强大的泛化能力。

总之，本研究提出了一个基于脑机接口的应用来评估学习者在选择正确答案时是猜测还是真正掌握了相关知识。本研究的主要贡献如下：首先，定义了猜测状态，并设计了一个在逻辑测试中诱发猜测状态的实验；其次，提出了一种 STQV 方法来处理可变输入长度数据，并进行分类，该方法与 FBCSP 和端到端 ConvNets 分类算法相结合，在测试中对学习者的猜测状态有很强的识别能力。综上所述，本研究所描述的方法和结果为探讨学习者的真实学习水平提供了一种潜在的手段，并为脑电解码在教育中的应用奠定了基础。

3.2 情绪与情绪模型

目前本书中讨论的脑机接口研究也是基于脑电的情感计算(EEG-based Affective Computing)研究,因此在这一节,我们将讨论情绪。感情(Affect)、情绪(Emotion)和心情(Mood)是情感计算(Affective Computing)中的重要术语。

感情在字典中的定义[8]: a set of observable manifestations of an experienced emotion: the facial expressions, gestures, postures, vocal intonations, etc., that typically accompany an emotion,即一组可观察到的情感体验表现,通常伴随情感的面部表情、手势、姿势、语调等,the conscious emotion that occurs in reaction to a thought or experience,也可表示对思想或经历作出反应而产生的有意识的情绪。

情绪在字典中的定义[9]如下: a conscious mental reaction (such as anger or fear) subjectively experienced as strong feeling usually directed toward a specific object and typically accompanied by physiological and behavioral changes in the body; a state of feeling; the affective aspect of consciousness。情绪是一种感觉状态,是意识的情感方面,它是一种有意识的心理反应(如愤怒或恐惧),主观体验为针对特定对象的强烈感觉,通常伴随着身体的生理和行为变化。

心情在字典中的定义[10]: a conscious state of mind or predominant emotion,指有意识的精神状态或主要的情绪。

情感分析更关注情绪和心情,前者强烈而集中,持续时间较短,后者持续更长的时间,强度比前者弱。

3.2.1 基础情绪模型

描述情绪有不同的模型,基础情绪识别研究一般建立在以下两类情绪结构模型上[11]:离散模型(Discrete Model)或维度模型(Dimensional Model)。离散模型认为情绪空间由有限离散的基础情绪构成,而维度模型采用二维效价-唤醒度(Valence-Arousal,VA)或三维愉悦度-唤醒度-支配度(Pleasure-Arousal-Dominance,PAD)的坐标体系来描述情绪空间。

VA或PAD的坐标体系被用于描述情绪空间。VA模型中,情绪效价Valence指情绪的后果、情绪引发的情境或主观感受的态度,一般分为正向情绪、中性情绪和负向情绪。情绪唤醒度(Arousal)是指情绪强烈的程度,能够从生理角度对其进行客观测量,也能通过自我报告进行主观的评估。PAD三维情感模型也是一种较成熟的情感模型,该模型将人类的情绪影射到一个由愉悦度(愉悦-非愉悦)、唤醒(唤醒-非唤醒)和支配(支配-服从)三个维度组成的空间中。

不同研究人员所定义的有限离散的基础情绪不同,例如Parrott[12]定义了6类基础情绪:愤怒(Anger)、恐惧(Fear)、喜悦(Joy)、爱(Love)、悲伤(Sadness)以及惊喜(Surprise)。

3.2.2 学习情绪模型

目前,与学习及学习过程相关的情绪模型并无统一的认识和标准,研究人员对学习情绪模型有不同的理解,例如Kort等人提出的学习过程情绪循环模型[13]。

Kort等人提出的学习过程情绪循环模型,将情绪与认知学习过程整合在一起。该模型描述了一个学习过程中学习者可能会经历的情绪。如图3.8所示,该模型包含4个象限,垂直轴两端为建构式学习和去学习(去学习:摒弃旧信念惯例),水平轴两端为正向情绪和负向情绪,学习者的学习情绪随学习不同阶段而发生转换和改变(见图3.8右侧)。例如,学习者在学习新知识点时,获得满足感和知识带来的惊奇感(象限Ⅰ);随着学习的加深,学习者可能产生困惑,继而借助各种方法消除困惑(象限Ⅱ);进一步,学习者体验到更多负面情绪,认知焦点会转向消除错误的认识(象限Ⅲ);当新旧认知协调时,学习者产生顿悟,新观点带来的体验促使学习者重新又进入第一象限(象限Ⅳ)。

第3章 脑机接口挖掘学习中的情绪

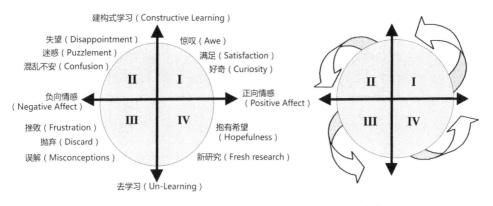

图 3.8　Kort 等人提出的学习过程情绪循环模型[13]

3.3　情　绪　量　表

在控制实验、情绪识别研究或是一些观察研究中,情绪量表被用来测量被试的情绪。情绪的测量一般分为 3 种形式:维度测量、离散测量以及混合方法。维度测量指对某个情绪的测量是通过对其维度进行测量的,如 PANAS 量表[14]、SAM 量表[15],离散量表一般测量不同离散情绪的强烈程度或是否发生,如正向与负向情绪量表[16]。混合方法指以上两种测量方法的混合。

以下将介绍 SAM 量表的构成和使用。SAM 量表的全称是 Self-Assessment Manikin,量表由包含有表情的人物形象组成,供被试从 3 组中选择 3 个最能代表当前情绪的形象。采用非言语图形评估的技术,不受参与者的年龄及知识水平的限制,在各类研究中被广泛用于测量被试对刺激反应情绪的愉悦度、唤醒度及支配度。SAM 量表的早期版本是交互程序版本,后续又扩展了纸笔版本。SAM 量表由 3 组图形组成,每组包含 5 个图片,代表情绪维度的不同程度。如图 3.9 所示:第 1 组描述了愉悦度,左边以微笑形象起始,右边以皱眉不高兴的形象结束;第 2 组描述了唤醒度,左边以兴奋、眼睛大睁的形象起始,右边以平和形象结束;第 3 组描述了支配度,使用形象的大小表示支配度的大小,左边以支配度最小起始,右边以支配度最大结束。SAM 量表还可以在每组

5幅图片之间增加一度,被制成9点量表。

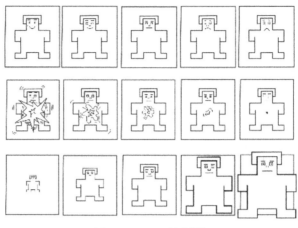

图3.9 SAM量表[15]

3.4 小　　结

本章首先讨论了一项关于猜测状态识别的脑机接口研究,目前,考试和分数是判断学习者学习表现的主要手段和标准,然而在实际考试中,学习者经常会使用猜测策略来回答问题,这导致了学习成绩并不能真实的反映学习者的知识和技能的掌握水平。因此,如何判断学习者答题时是猜测的还是真正掌握的是一个非常有意义的问题。通过介绍这项猜测状态识别系统的体系结构设计、构建与验证,使得读者对状态定义、处理变长脑电数据有了初步了解。在此基础上,本章进一步对情绪、情绪模型、学习情绪模型、情绪量表展开讨论。

参 考 文 献

[1] ANDERSON J R. Cognitive Psychology and Its Implications[M]. New York:Worth Publishers,2009.

[2] RAVEN J. The raven's progressive matrices:change and stability over culture and time[J]. Cogn Psychol,2000,41(1):1-48.

[3] YANG J, WANG H, ZHU J, et al. SeDMiD for confusion detection: uncovering mind state from time series brain wave data[C]//Proceedings of 2016 Conference on Neural Information Processing Systems, Time Series Workshop (2016). New York: Curran Associates, 2016: 1-11.

[4] ZHOU Y, XU T, LI S Q, et al. Confusion state induction and EEG-based detection in learning [C]//2018 40th Annual International Conference of the IEEE Engineering in Medicine and Biology Society (EMBC). July 18-21, 2018. Honolulu, HI: IEEE, 2018:3290-3293.

[5] COHEN R J, SWERDLIK M E, PHILLIPS S M. Psychological Testing and Assessment: An Introduction to Tests and Measurement[M]. CA, US: Mayfield Publishing Co, Mountain View,1995: 27-32.

[6] ANG K K, CHIN Z Y, ZHANG H H, et al. Filter bank common spatial pattern (FBCSP) in brain-computer interface [C]//2008 IEEE International Joint Conference on Neural Networks (IEEE World Congress on Computational Intelligence), June 1-8, 2008. Hong Kong, China: IEEE, 2008: 2390-2397.

[7] LECUN Y, BENGIO Y, HINTON G. Deep learning[J]. Nature, 2015, 521: 436-444.

[8] Affect Definition & Meaning-Merriam-Webster[EB/OL]. (2020-04-29) [2024-04-10]. https://www.merriam-webster.com/dictionary/affect.

[9] Emotion Definition & Meaning-Merriam-Webster[EB/OL]. (2023-10-23) [2024-04-10]. https://www.merriam-webster.com/dictionary/emotion.

[10] Mood Definition & Meaning-Merriam-Webster[EB/OL]. (2023-10-23) [2024-04-10]. https://www.merriam-webster.com/dictionary/mood.

[11] MOSKOWITZ J T, CHEUNG E O, FREEDMAN M, et al. Measuring positive emotion outcomes in positive psychology interventions: a literature review[J]. Emotion Review, 2021, 13(1): 60-73.

[12] PARROTT W G. Emotions in Social Psychology: Essential Readings [M]. New York: Psychology Press, 2001.

[13] KORT B, REILLY R, Picard R W. External representation of learning process and domain knowledge: affective state as a determinate of its structure and function[C]//Workshop on Artificial Intelligence in Education (AI-ED 2001). San Antonio: Springer, 2001: 64-69.

[14] WATSON D, ANNA L, TELLEGEN A. Development and alidation of brief measures of positive and negative affect: the panas scales[J]. Journal of Personality and Social Psychology, 1988, 54(6): 1063-1070.

[15] BRADLEY M M, LANG P J. Measuring emotion: the self-assessment manikin and the semantic differential[J]. Journal of Behavior Therapy and Experimental Psychiatry, 1994, 25(1): 49-59.

[16] DIENER E, WIRTZ D, TOV W, et al. New well-being measures: short scales to assess flourishing and positive and negative feelings[J]. Social Indicators Research, 2010, 97(2): 143-156.

第4章 教育游戏中基于脑电的困惑情绪评估方法与实践

4.1 教育游戏评价的研究背景与意义

4.1.1 教育游戏中进行测量的重要性

教育游戏是指为教学而非为纯粹的娱乐目的而设计的游戏,它为学习者提供了大量在基于游戏的环境中实践学会知识的机会,从而促进其认知、实践和社交技能的发展[1-4],并促使学习者更好地完成那些涉及解决问题或相互竞争的活动。尽管目前数字化学习提供了一个支持学习者发展认知技能的环境,但研究人员仍然缺乏对游戏如何培养这种技能的认识。因此,寻找一种有效的方法来识别学习者在游戏化学习过程中的情绪和认知过程,可以确定这些游戏难度的设置是否合适,是否满足了学习要求,以及是否达到了最初的教学目标。

对游戏环境中学习的评估通常集中在学习结果评估或绩效评估上[5-6]。这些评价方法可能忽略了学习过程中那些与认知和情绪过程有关的变化。近年来,由于生理测量技术的发展,采用生理测量方法来评估游戏的认知引起了学者们的关注[7],特别是基于脑电的测量,具有与其他测量方式不同的潜力和优势[8]。与其他基于计算机视觉的面部表情认知状态识别方法相比,EEG技术为大脑内部活动的检测提供了更为直接的手段,能够揭示大脑内部状态。同时,与自陈报告相比,这种技术具有良好的时间分辨率,可以在不分散学习者注意力的情况下,在真实任务中对学习者状态进行实时检测。由于具备这些优势,基于脑电的状态识别方法越来越受到关注。随着 Emotiv EPOC、NeuroSky MindWave 和 OpenBCI 等商用便携式头戴脑电数据采集设备的出现,这种技术被公认是测量和分析学习者在教育游戏中的参与度的有效手段。

参与度被认为是连接学习者情绪和学习效果的中介,一般被分为认知、动机、行为、认知-行为和社会-行为这 5 种类型[9]。它被认为是与注意力(即认知参与)相关的认知过程[10],也是一个主要的动机指标[11-12]。迄今为止,对此类基于脑电的评估工具的研究主要针对参与度(特别是动机性参与度)的检测[13-14],而缺乏对除参与度以外的其他认知和情绪方面的研究。

在游戏支持的认知技能中,规则归纳和推理技能是高级技能,对深度学习至关重要[15]。困惑是由学习中的认知不平衡引起的一种情绪[16]。当个体当前的认知结构与即将接收的新信息不一致时[10],或当个体在进行基于规则的推理或解决难题时无法继续,困惑就会产生[17]。一旦学习者解决不了难题,长期处于困惑状态,学习者就会体验到挫折感和厌倦感。虽然困惑是令人不快的,但它可以培养个体的高水平认知和反思能力。事实证明,感到困惑的学习者比不感到困惑的学习者更警惕,能更深层次地加工材料[18]。因此,测量困惑状态有助于监测学习者在解决问题的过程中的内部反应,并可用于在适当调整难度设置时指导教育游戏或基于游戏的学习的设计。

当使用机器学习技术测量教育游戏中的困惑时,可能会遇到一个问题:当用户在玩游戏时,很难(有时甚至不可能)从实际任务中获取基于事实的数据(即类的标签)。自陈报告或问卷中的主观回答经常被用来获取类标签。一些研究[19-21]中使用 Manikin 自陈量表的答案[22]或者以另一种常见的方式——根据刺激类型获得事实数据。这些收集标签的方法更适合于标准化实验中的短期任务,而不是像教育游戏中的长期真实任务。在教育游戏中,学习者花 30 min 甚至更长的时间解决难题是很常见的,在如此长的时间内为一段脑电数据分配标签的可行性不高。一种可能的解决方案是将数据分割成几秒钟的小段,并为每段数据分配一个标签。然而,让参与者对解题过程进行分段,并识别出他们对每一段数据的认知状态,不仅会增加分配标签和检查的人工成本,而且还会引发更多的错误,因此,以这种方式分配的标签可能不符合基本事实。为了解决这些问题,本研究讨论了一个关键研究问题:是否可以利用跨任务、跨被试的方法建立分类器来检测教育游戏或基于游戏的学习中的困惑状态?

本节主要讨论了如何利用基于脑电的方法来检测基于游戏的学习环境产生的困惑,并证明了其优越性。该研究从 8 通道 OpenBCI 设备上采集脑电时间序列,利用跨任务、跨被试的方法,建立了一个基于机器学习的分类器,即对一个标准化认知测试范式(瑞文测验)的数据进行训练,然后对从游戏(Sokoban 游戏)的真实任务中获取的数据进行测试。结果表明,该方案在分类任务变化中具有鲁棒性,其准确率达到 91.04%。本章中所提出的基于脑电的方法适用于长时间游戏中的学习者困惑检测。

本节中的基于脑电的方法适用于长时间游戏中的学习者困惑检测主要学术贡献如下。

(1)讨论了在教育游戏中进行困惑情绪检测的必要性和意义。本研究所提出的基于脑电的方法可以识别学习者在基于游戏的学习中进行逻辑推理时的困惑状态;在游戏评估方面,利用脑电技术直接揭示大脑的内部状态,由于其良好的时间分辨率,有可能支持实时检测。

(2)提出了利用跨任务、跨被试的方法,建立一个基于机器学习的分类器,即对一个标准化认知测试范式(瑞文测验)的数据进行训练,然后对从游戏(Sokoban 游戏)的真实任务中获取的数据进行测试。结果表明了该方案在分类任务变化中的鲁棒性。

(3)提出了用一种端到端学习的方法来解码原始脑电数据中的困惑状态,可以代替用手工提取特征。此外,还描述了如何利用卷积神经网络设计和训练深度学习。

4.1.2 评价与测量方法

本小节首先总结并讨论了教育游戏的类型、所提供的技能以及教育游戏的评价与测量方法,其次讨论了最近对困惑理论的研究、现有检测方法以及困惑诱发中面对的困难,最后总结了基于脑电的检测方法以及从机器学习到脑电分析的进展。

4.1.2.1 教育游戏的评价与测量方法

教育游戏包含多种类型,可根据心理参与程度进行分类[23]。如快速反应游戏,涉及低水平的心理参与,非常适合通过反复练习进行自动化技能培训。然而大量的教育游戏涉及高水平的心理参与,其目标是学习认知技能[4]。这些游戏提供支持深度学习的活动[24],包括推理、解决问题和决策。一个有效的教育游戏必须与学习目标、活动、反馈、界面和期望的教学结果保持一致[23]。一旦游戏元素与学习目标对立,就达不到预期的学习效果。要完成一个好的教育游戏设计,不仅需要对学习结果进行有效的测量,还需要使用合理的评估方法来检测学习过程中的变化,以确定哪些设计元素最有效、什么时候最有效以及为什么有效。因此,学习情绪和认知方面的测量和评估可以揭示学习过程中的变化,而不是最终的结果或表现。

围绕学习中情绪和认知方面的测量和评估,已有的研究提出了不同的方法,根据测量技术分为 5 种[8]:自陈报告测量、观察者报告、行为检测、互动和生理测量。

自陈报告测量和观察者报告属于主观方法,而行为检测、互动和生理测量属于客观方法[8]。自陈报告测量一般是以问卷为基础,主观收集学习者在任务中或任务后填写的态度、观点、想法等。在任务期间收集数据时,这些措施可能会中断任务的播放或执行。在那些用于评估情绪的自陈报告量表中,Manikin 自陈量表(Self-Assessment Manikin,SAM)[22]被广泛用于评估情绪的情感价态和唤醒维度。SAM 是一种基于图片评分的非文字设计评估,研究发现,与文字量表相比,受试者能更快、更直接地选择其情感水平。观察者报告是指通过另一个人的观察而不是学习者本人来报告学习者的情感或认知状态,通常是基于从视频中读到的学习者的面部表情[25]。自陈报告测量和观察者报告多为基于游戏的环境中的学习后评价,而忽略了学习过程中认知和情感过程的变化。

行为检测方法是指对面部表情、手势和姿势、言语和声音、眼睛跟踪和凝视等的识别。在在线学习和教育游戏中,基于计算机视觉技术的面部表情识别是最重要的手段之一,并已被广泛使用。面部表情揭示了大脑活动的内部模式,被认为与情绪和认知状态有关。例如,Whitehill 等人[26]研究了人类观察者是否能够可靠地从面部判断参与度,并分析了观察者用来做出这些判断的信号。他们提出了从学生面部表情自动识别参与度的方法,并发现自动参与二元分类(两个层次:高和低)的执行精度与人类相当。

交互方法是基于对学习者交互的分析,例如输入速度和任务的语义分析。

生理测量是在记录和分析生理信号的基础上,以客观的方式检测情绪和认知状态。脑电(EEG)、近红外(NIR)、皮肤电反应(GSR)、血容量脉冲(BVP)等生理指标具有良好的时间分辨率,而功能磁共振成像(fMRI)技术在检测和分析精神状态方面具有良好的空间分辨率。生理测量通常与自陈报告问卷结合使用。自陈报告问卷的数据包括3个方面:①在处理生理信号时作为基本事实的数据[21, 27-28];②与生理方法的识别结果[28]进行比较的数据;③与生理信号一起分析的数据[29]。Wang 等人[28]利用大规模在线开放课程的视频片段作为困惑刺激建立了一个分类模型,对学生在观看课程材料时是否困惑进行分类,准确率在60%左右。问卷调查结果显示,刺激被认为是令人困惑的,但被试者没有感到困惑,这可能是分类模型表现不佳的主要原因之一。在文献[29]中,Chanel等人提出了一种根据生理信号评估玩家情绪来调整游戏难度,从而维持玩家参与度的方法。他们分析了玩家在3种难度下玩俄罗斯方块游戏的问卷回答、脑电信号、外周信号(包括 GSR、BVP、心率、胸腔扩张和皮肤温度),将两种脑电信号和外周信号融合,得到63%的分类准确率。

4.1.2.2 学习中的困惑情绪

近年来,对学习困惑的理解一直是理论界和实证界关注的焦点。在一些相关的研究工作中,困惑被认为是一种情绪。D'Mello 等人将困惑视为在复杂学习任务中产生的一种知识或认知情绪[30],类似的论点也可以在参考文献[9]和

[31]中找到。有少数文献认为困惑是非情感的,尽管它有情感或体验性方面的特征[32]。学习者可能会体验到困惑,这是信息认知过程中产生的一种情绪反应[9]。当学习者无法取得进展时,它作为一种反馈出现。例如,如果现有的认知结构与新的信息不一致,就会产生困惑[30]。另一个常见的例子是,在进行基于规则的推理或解决难题时,个体无法推断出规则[17]。出现困惑的实例或场景具有差异性[30]。因此,应仔细设计诱发刺激以符合目标实例或场景。

一方面,虽然困惑是令人不快的,但它可以培养个体进行高水平的学习和深刻的反思。事实证明,与未感到困惑的学习者相比,感到困惑的学习者会更加警觉,并在更深的理解层次上处理材料[18]。另一方面,一旦学习者无法解决难题,并长期处于困惑之中,他就会陷入沮丧,然后感到厌倦[33]。因此,测量困惑状态有助于监测学习者在解决问题过程中的内部反应,并可用于在适当调整难度设置时指导教育游戏的设计。

在困惑检测的研究中,困惑诱发是一项艰巨的任务,应慎重考虑。分类能否成功取决于诱发方式是否合适。虽然研究者试图准确地诱发情绪,但预先分配的刺激和诱发的情绪之间的差距仍然存在。在研究[28]中,Wang 等人使用大规模在线开放课程的视频片段作为刺激,唤起学生的困惑或非困惑状态。实验结束后,他们发现刺激材料本应是令人困惑的,但参与者并没有感到困惑。此外,为训练分类器分配标签的观察者没有得到正式的指导。所有这些都可能导致分类不准确。

此外,在刺激材料的类型上,图片、声音、视频、互动项目等被用于唤起情绪或认知状态。尽管数量还远远不足,但目前一些学者已通过实验建立了标准化和非标准化的影视片段数据库,例如在文献[27]中,研究人员建立了一般情绪的诱发视频库,这些情绪包括欢乐、愉悦或恐惧。测试、教学内容、图片、声音和课程视频片段都被用来唤起学习情绪。在参考文献[34]中,在一对一的专家辅导课程中,教学内容被用来引发困惑、挫折、焦虑、好奇心等情绪。Wang 等人[28]使用选定的在线课程视频片段引发学习中的困惑和非困惑状态。在文献[18]中,已经开发了 4 个使用 AutoTutor 精心设计的计算机学习环境,以引起学习中的困惑。

4.1.2.3 基于脑电的识别方法

EEG 技术作为脑电活动的一种表征,已被广泛用于测量诸如工作记忆[35,36]、参与度[10]、快乐[27]或压力[37]等活动或状态。在在线学习中,参与度和动机是被研究最多的状态。在一项关于在教育研究中的便携式脑电技术的调查中[7],共有 22 篇论文被编码和讨论,除一篇之外,所有的论文都围绕着注意力或动机识别的 5 个研究主题:互动行为、阅读语境、在线学习、学习材料的呈现模式和教育娱乐。Pekrun 和 Linnen-brink-Garcia[9]讨论了学业情绪和学生参与,总结了 5 种类型的参与,即认知、动机、行为、认知行为和社会行为参与。认知参与(如注意)是指有选择地集中于信息的一个离散方面的过程[15]。参与被认为是动机的指标(也称为动机参与)。例如,在文献[14]中,Ghergulescu 等人提出了一种在基于游戏的学习中采用实时脑电传感器的学习者动机分析方法。参与度并不是唯一需要关注的方面。然而,由于缺乏参与度调查以外的其他方面的研究,因此该分析方法存在局限性。对于认知和情感方面(如困惑)的评估,还有相当大的研究和进步空间,其重要性在上一节中已经阐述。

在过去的 20 年中,用于脑电信号分析的机器学习技术被当成一种新的工具,它可以从脑电数据中提取特征,然后进行分类或预测[38]。由于脑电信号的复杂性,所以许多机器学习方法都涉及这一领域。在许多基于 EEG 的系统中,机器学习技术作为核心组成部分,满足了神经科学对脑信号解码的要求。已有的经典处理方法包括 3 个步骤:数据预处理、时频分析和分类[38]。分类的目的是探讨脑电与脑活动的关系。在经典的机器学习技术中,支持向量机(Support Vector Machine,SVM)具有良好的性能和对小样本的适应性,已被用作脑电信号分类最常用的工具之一[19-20,39]。在参考文献[39]中,Wang 等人设计并建立了一个利用脑电信号进行积极和消极情绪识别的系统。该系统使用 SVM 达到了 78.41%的准确率。这一系统提取功率谱特征、小波特征和非线性动力学特征,并采用主成分分析(Principal Component Analysis,PCA)、线性判别分析(Linear Discriminant Analysis,LDA)和基于相关特征选择器(Correlation-based Feature Selector,CFS)的方法进行降维。SVM 已被证明是 EEG 信号分类的有效方法,然而,先验特征提取和选择的步骤是必不可少的。在脑信号解码中,并不是所有的相关特征都能被清晰地预见,尤其是对困惑的研究,这是脑解码方向上一个新兴的研究课题,但尚缺乏充分的研究。

深度学习方法或深度神经网络在语音识别和视觉对象识别等许多领域都大大提高了监督学习的性能,这允许由多个处理层组成的计算模型学习具有多个抽象层次的数据表示[40]。由于这些方法在诸多领域的识别任务方面取得了巨大的成功,因此在解决脑电信号解码和分类问题上受到了研究者极大的关注。LeCun 等人[40]提出的卷积神经网络(Convolutional Neural Networks,CNNs)深度学习方法,可以通过端到端的学习而非利用事先提取的特征,从数据和对象中自动学习固有模式。与传统的机器学习方法不同,CNN 提供了直接跳到上述 EEG 处理方法的第三步分类的可能性。端到端的深度学习方法[40]从原始数据中学习,采用单一的神经网络代替多个步骤,从而减少了特征提取的过程。

脑电信号复杂而微弱,与噪声交织在一起,用传统方法很难从原始脑电数据中直接提取出来。然而,端到端方法可以将原始数据直接映射到目标。于是研究者利用其优势,采用端到端 CNN 对脑电原始数据进行分析、解码问题,包括想象运动分类[41-43]、精神负荷识别[44-45]、认知表现[46]、记忆预测[47]、癫痫发作检测[48]等。在一项脑电数据建模认知事件的研究中[44],Bashivan 等人将脑电数据转化为拓扑保持的多频谱图像,并训练了一个深度递归卷积网络来学习图像中的表示。他们对认知负荷分类任务的实证评估显示,分类准确率显著提高。Hajinoroozi 等人[46]提出了一种信道卷积神经网络(Channel-wise Convolutional Neural Network,CCNN),用脑电信号预测驾驶员与驾驶性能相关的认知状态。结果表明,CCNN 和 CCNN 变异算法具有较强的鲁棒性和较好的性能。

4.2 教育游戏中基于脑电的情绪识别系统的体系结构设计

本小节首先介绍了教育游戏中基于脑电的情绪识别系统的体系结构设计的核心,然后详细讨论了其主要的组成部分。

4.2.1 测量方法

本研究提出一种新的基于脑电的非侵入性便携式学习者困惑分析方法,可用于基于游戏的学习系统或教育游戏环境中。该方法由 4 个主要部分组成,包括困惑诱发实验、采用脑电设备采集数据、数据预处理和分类器构建。在这 4 个主要步骤中,困惑诱发实验和分类模型构建是必不可少的。图 4.1 即提出的基于 EEG 的困惑检测方法的核心:训练一个标准化的认知测试范式(瑞文测试)的数据,测试游戏中真实任务的数据(Sokoban 游戏)。

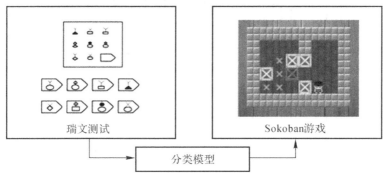

图 4.1 基于脑电的困惑检测方法的核心

4.2.2 模型构建流程

图 4.2 展示了在机器学习中基于端到端深度学习算法为教育游戏建立困惑状态分类器的主要组成。

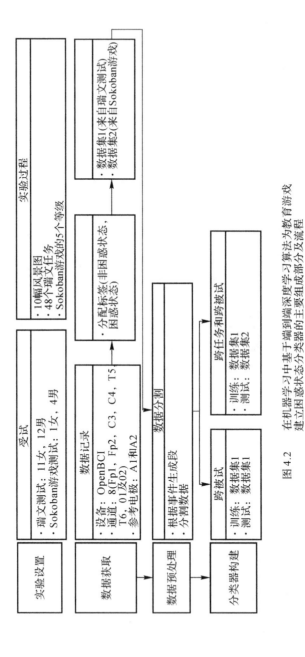

图 4.2 在机器学习中基于端到端深度学习算法为教育游戏建立困惑状态分类器的主要组成部分及流程

4.3 教育游戏中基于脑电的情绪识别系统的构建与验证

4.3.1 实验设置

实验部分将在4.4节中描述。该实验为数据采集、预处理和分类器构建服务,并将数据传送到下一个流程中。

本研究利用OpenBCI脑电数据采集设备,在瑞文测验和Sokoban游戏中记录学习者在进行逻辑推理时的困惑数据。非侵入性医学脑电数据采集设备价格昂贵且不便于使用,需要使用导电膏将脑电电极直接贴在皮肤上,戴帽子通常就需要花20 min~1 h(取决于使用的频道数量),此外,它还需要用电缆来传输数据。这些限制让这些设备无法在玩游戏时使用。其他类型的设备如Emotiv、NeuroSky和OpenBCI都是便携式的,它们均采用蓝牙或Wi-Fi将数据传输到计算机。其中,OpenBCI是一种开源的脑机接口(BCI)设备,其软硬件可以根据需要进行修改和开发,为研究人员提供了更多的机会。本研究采用带有OpenBCI Cyton板及3D打印头盔来获取原始EEG数据(见图4.3),数据通过蓝牙传送到计算机。该设备有8个通道(Fp1、Fp2、C3、C4、T5、T6、O1和O2)以及基于10-20系统的2个参考(A1和A2)。触发功能和硬件用来分割数据。

4.3.2 构建分类器

尽管检测基于游戏的学习的困惑状态是非常重要的,但是它在实践中很难实施。基于游戏的学习实验通常需要较多时间来完成,并且由于手臂运动会将不同的肌电(EMG)伪迹引入EEG数据中,使得预处理的步骤变得更加复杂,并且需要额外的实验来去除这些不同的肌电噪声,也就是说,很难获得有效的数据。在基于标准化瑞文测验唤起困惑状态的实验中,要求受试者只用一根手指就可以选择正确的答案,这可以最大限度地减少伪迹。此外,它易于记录和提供基准来评估逻辑推理的无知识混淆状态。在不同类型的活动中,脑电信号中隐藏的困惑状态的模式和特征是相似的,而不同的是由各种活动产生的伪迹。深度学习中迁移学习[31]的基本思想是早期层通常代表一般特征,而后期层描述特定特征。由于 EEG 数据集相对较小,所以不适合直接使用迁移学习。在迁移学习的启发下,如果学习模型一开始在良好条件下的基本实验(标准化瑞文测验)中受用,那么它将在复杂条件下的实验(Sokoban 游戏)中也产生良好的效果。

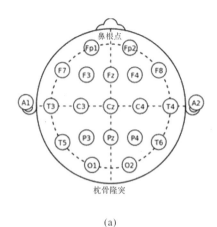
(a)

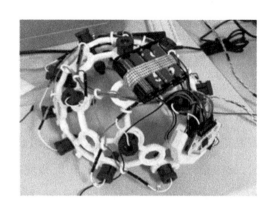
(b)

图 4.3 数据采集装置

(a)电极位置; (b)脑电采集设备

基于此想法,本研究提出了一种利用跨任务、跨被试的方法来建立基于卷积神经网络端到端学习(ConvNets)的分类器的方法。跨任务是指训练从一个标准化的认知测试范式(瑞文测验)中收集的数据,并对游戏(Sokoban 游戏)中实际任务的数据进行测试。跨被试是指将被试分为三组(即第一组、第二组和第三组),让第一组参与第一项任务(瑞文测验),第二组参与第二项任务(Sokoban 游戏),第三组参与两项任务(瑞文测验和 Sokoban 游戏)。由于 Sokoban 游戏的任务很复杂,很难获得有效数据。与第一组相比,第二组和第三组的数据量相对较小。本研究试图用第一组和第三组的数据训练的模型找出第二组的困惑状态,包括两个步骤:第一步是在标准化瑞文测验和游戏实验的基础上分别建立数据集；第二步是基于训练数据构建学习模型，其中包含来自瑞文测验的所有数据和来自 Sokoban 游戏的部分数据。简言之，本研究所采用的方法是使用来自标准化瑞文测验和推箱子游戏测试的混合数据训练了一个模型，并在游戏测试中提供困惑状态的预测。基于教育游戏中的跨任务、跨被试模型，利用推箱子游戏实验中的少量标记数据，取得了较好的效果。

学习模型是基于 ConvNets 建立的，基本结构如图 4.4 所示。一个隐藏层由 3 部分构成：卷积、激活和池化。以 OpenBCI 采集的脑电数据为输入，以困惑或不困惑状态（两种困惑状态）为输出。

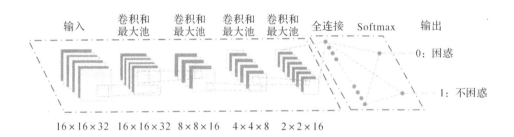

图 4.4　ConvNets 的主要结构

4.3.3　采集数据与分类器性能

这一小节介绍了采集数据与分类器性能。

首先是实验的设计和设置，包括参与者的基本信息、两个实验、瑞文测验和 Sokoban 游戏的诱发以及实验过程。

总的来说，整个实验由两部分组成：以瑞文测验为刺激的实验和参与者玩 Sokoban 游戏的实验，如图 4.5 所示。

4.3.3.1　情绪诱发设计

为了建立分类模型，本研究采用瑞文测试来诱发困惑，获得脑电数据。瑞文推理测验(RPM)是一系列标准化智力测验，其中一个数字矩阵缺少一个条目，要求从一组答案选择中选择正确的缺失条目。它是一种非文字的测试，通常用在教育环境中,来测量接受测试者的抽象推理能力[49],适用人群涵盖了从 5 岁儿童到老年人。瑞文矩阵的原始测试包含难度逐渐升级的模式匹配任务,对语言能力的依赖性很小。

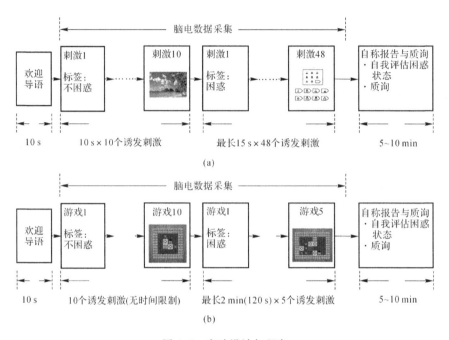

图 4.5 实验设计与程序
(a)以瑞文测验为刺激的实验; (b)参与者玩 Sokoban 游戏的实验

本实验选择了 48 个矩阵,并改变了呈现顺序,以满足实验要求。目前,瑞文测验已发布了 3 个版本:原始标准推理测验(Standard Progressive Matrices, SPM)、高级推理测验(Advanced Progressive Matrices, APM)和彩色推理测验(Colored Progressive Matrices, CPM)。在 SPM 中有 5 组测试,从 A 到 E,每组 12 题。困难程度按字母顺序排列,A 组最容易,E 组最难。本实验中的测试选自 SPM(E 组,共 12 题)和 APM(所有 APM 测试,共 36 题)。因此,本研究共用了 48 道题目来引发困惑。每道题目都要求受试者识别缺失的元素并完成一个模式。本实验中使用的模式是 2×2 或 3×3 矩阵的形式,如图 4.6 所示。在推理测试中,困惑会随着时间的推移而减少。因此,无论问题是否解决,题目的呈现时间均限制在 15 s 之内,然后呈现下一个题目。在这个实验中,本研究假设作为诱发刺激的 10 幅风景图片不会令人感到困惑,从瑞文测验中选择的诱发刺激会令人感到困惑。

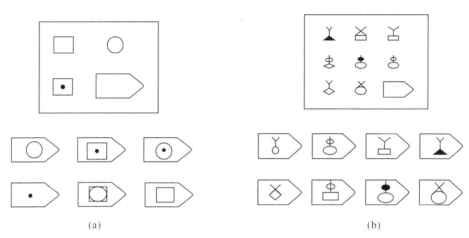

图 4.6　一个 3×3 的用于演示的例题(使用与瑞文标准推理测验相似的规则)
(a)测试的简单模式；　(b)测试的复杂模式

Sokoban(也称为仓库管理员)是一种运输拼图游戏,玩家在仓库里推箱子或板条箱,试图把它们送到储存地点。解谜过程需要寻找和建立逻辑推理策略。学习者在成功推理前一直会处于困惑状态(尤其是在高难度任务中)。本实验准备了一个装有 Sokoban 游戏软件的 iPad 供参与者玩。这个版本有两种模式:休闲模式和拼图模式(见图 4.7)。休闲模式有初级、中级、高级、困难、专业、大师级、专家级 7 个难度等级。每个难度等级有 200~1 000 级的游戏。虽然在同一难度等级中每个级别的游戏难度没有太大的差异,但级别的数量是不同的。在拼图模式中,没有难度等级,而是有 900 个游戏级别,并且游戏级别在不断增加。本实验选择使用休闲模式,这是因为它在适当的难度等级下更容易识别游戏级别。首先实施一个预测试实验,该预测试旨在帮助选择游戏级别,3 名受试者被招募,并玩了数小时的 Sokoban 游戏。对新手来说,初级和中级难度的游戏不难,平均需要 20 s~1 min 完成。在高级阶段,闯关通常要花费超过 2 min 的时间。在困难等级下,通常需要 20~30 min 才能闯关。因此,本实验在高级等级中选择了 5 个级别来诱发 Sokoban 游戏中的困惑状态。

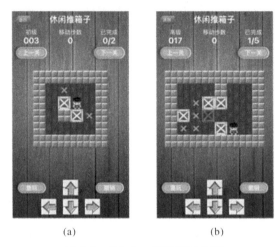

图 4.7 Sokoban 游戏交互界面

(a)休闲模式； (b)拼图模式

4.3.3.2 实验参与者

第一个实验招募了 23 名受试者,包括 11 名女性和 12 名男性,年龄分布在 20～47 岁(均值为 24.48 岁,标准差为 6.36 岁)。所有受试者视力或矫正后的视力正常,均为右利手。大部分受试者(60.87%)受过大学教育,其余 34.78% 具有硕士及以上学历,只有一个受试者仅完成了高中学业。本次被试偏向高等教育,所有参与者要么在大学学习,要么在大学工作。所有受试者都阅读并签署了单一访问类型版本的最终同意书,即所有数据都可以公开共享,参与者也获得了相应的报酬。

第二个实验招募了 5 名志愿者,包括 4 名男性和 1 名女性。他们都是 Sokoban 游戏新手。其中,2 名受试者参加了第一次实验,而另外 3 名没有参加。所有参与者要么在大学学习,要么在大学工作。

4.3.3.3 实验过程

在第一个以瑞文测验作为诱发刺激的实验中,测试人员简要介绍并解释了这项研究。然后,测试人员请求允许将记录的脑电数据用于研究目的,每个参与者都阅读并签署了同意书。每位参与者在观看刺激后,填写了问卷并解释了他们的选择。如图 4.5(a)所示,要求每个受试者观看由 E-Prime 2.0 编写的刺激程序[50],包括 10 幅风景图片和 48 幅推理图片。受试者对推理测试的反应被 E-Prime 软件记录下来,每个受试者观看后必须填写问卷。在这个过程中,脑电数据由笔记本电脑记录,诱发刺激由另一台电脑呈现,并与触发系统所需时间同步。推理任务完成后,受试者被要求填写一份问卷,包括参与者的基本信息和他们对每个题目的困惑程度的自我评估。

第二个实验使用 Sokoban 游戏作为诱发刺激,其实实验过程与第一个实验类似。玩 Sokoban 游戏所需的时间平均比解决标准推理益智游戏所需的时间长。

4.3.3.4 分类器性能

从 OpenBCI 设备获得的 EEG 数据以 250 Hz 采样。如前所述,被标记为"困惑"的数据有两个来源:瑞文测验和 Sokoban 游戏。相比之下,不困惑状态被定义为被试观看风景图片 10 s 的状态。由于每次试验开始和结束时的操纵动作会带来肌电伪迹,所以丢弃了每一段数据的开始和结束的那几秒。为了方便处理数据,每一个受试者的其余数据被合并,然后分成 4 s 的小段。

受试者之间的脑电数据存在显著性差异。关于 OpenBCI,单个通道的数据值约为 $\pm 10^5$。为了避免个体差异对脑电的影响,首先采用归一化处理。用 0 均值标准化方法对原始脑电数据进行归一化。该方法基于原始数据的正态化和标准差,表示为

$$Z = (x - \mu)/\sigma$$

式中:Z 为标准正态离差;X 为正态随机变量;μ 为平均值;σ 为标准差。

对通过零均值标准化方法进行归一化处理前、后的数据进行比较,如图 4.8 所示。结果表明,零均值标准化的结果是所有数据均在 0 左右聚类,方差为 1,

从而减少了 EEG 中的个体差异。

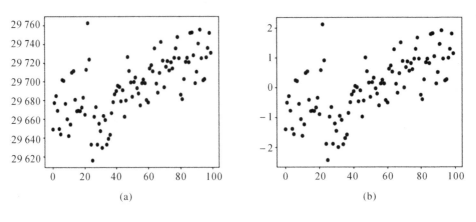

图 4.8　原始数据与归一化数据的比较

(a)原始数据；　(b)归一化数据

本研究采用两个数据集的分配来分别评估所提出的方法。第一个分配的目的是评估端到端方法是否能很好地处理原始脑电数据。从瑞文测验中收集的数据被放入这个分配中。数据被分成两个不相交的集：训练集和测试集。模型由训练集导出，并在测试集上对其性能进行评估。在原始数据中，70%用于训练，其余用于测试。本研究建立了一个包含四个卷积层和一个全连接层的五层 ConvNet，来分析这个分配的脑电数据，学习率为 0.000 01。由于普通的梯度下降算法更新神经网络参数较慢，所以采用自适应矩估计（Adam）算法进行优化。Adam 优化算法加快了梯度下降过程，消除了梯度下降过程中的过度摆动。测评结果显示，基于端到端方法识别困惑状态和非困惑状态的方法的准确率达到 96.37%。

第二个分配是在端到端分类方法的基础上，被设计用来评估跨任务和跨被试方法的性能，分配的设计如图 4.9 所示。训练集包括从瑞文测验的 23 名受试者中收集的原始脑电数据和来自 Sokoban 游戏中已参加过瑞文测验的 2 名受试者的原始脑电数据。测试集为来自 Sokoban 游戏中没有参加过瑞文测验的 3 名受试者的脑电数据。最后，在本次测评中，对学习者在 Sokoban 游戏中的困惑状态和不困惑状态的识别准确率达到 91.04%。

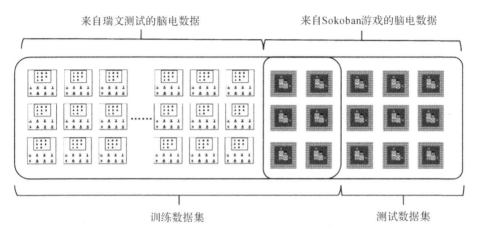

图 4.9 跨任务和跨被试方法的设计分配

4.4 教育活动中被动式脑机接口系统构建的挑战与启示

在这项研究中,我们试图揭示脑电数据和困惑状态之间的关系,并利用这种关系来评估教育游戏中的困惑。我们的方法成功地将在一个游戏中逻辑推理的学生困惑状态和不困惑状态进行了分类,在任务内和被试内(使用第一个分配方法的数据)以及跨任务和跨被试(使用第二个分配方法的数据)中的分类性能的平均准确率达到 90% 以上。这些结果表明:第一,在游戏学习中,脑电技术可以用来在逻辑推理情况下识别和评估学生的困惑;第二,实验结果证明,端到端的方法可以直接从原始脑电数据中提取隐含特征,而预处理步骤和传统方法一样,不需要再实施额外的步骤;第三,对不同的任务来说,对于相同的情绪,即困惑,跨任务和跨被试的方法在复杂任务的小样本数据集上表现良好,即只使用少量来自复杂任务(Sokoban 游戏)的标记数据和更多来自标准化任务(瑞文测验)的标记数据。实验证明,在教育游戏中,利用跨任务、跨被试的方法,建立一个用于在长时间真实任务中进行困惑检测的分类器是可行的。

虽然我们的研究具有前瞻性和探索性，且拥有较好的发展前景，但仍存在局限性。

4.4.1 数据采集设备

脑电数据采集装置本身即是第一个限制，它的使用限制了参与者的数量。尽管有现成的脑电采集设备，但它们的设计和易获性方面仍比不上智能手机。除此之外，在真实的游戏场景中，长时间佩戴这样的设备不是很方便。因此，在我们的研究和其他相关研究中，参加实验的受试者并不多。此外，人脑通过激活不同的部分来完成不同的工作。在此次工作中，我们使用头皮周围的 8 个通道来检测脑电的变化。当然，如果研究只解决困惑所用到的大脑活动部分，就可以使用更少的通道，而且也方便佩戴，这样就能提高它在教育游戏中应用的可行性。

4.4.2 分类模型

我们初步建立了一个二级分类模型。在这项研究中，我们的工作集中在区分两种状态，即困惑与否，并建立分类器。困惑是一个复杂的动态过程，其状态被认为是一个渐进的思维过程。它应该有许多细微的状态，而不仅仅是两个状态。一旦学习者无法解决困惑，长期处于高、中水平的困惑状态，就会产生挫折和厌倦感。因此，它值得深入研究。最好是研究出多级分类模型，包括定义困惑程度，如低层次、中层次和高层次。在不久的将来，我们的目标是基于脑电数据找出这些差别细微的困惑状态。

4.4.3 不同学习活动中的困惑情绪

逻辑推理是诱发困惑的情况之一，即个体在进行基于规则的推理或解决谜题时无法推断出规则。除此之外，也有其他情况可以诱发困惑，如新出现的信息与学习者现有的认知结构不一致。检测不同情况下的困惑状态在方法上是有区别的。因此，在区分困惑类型时，应考虑用另外的困惑检测方法作为基于 EEG

的方法的补充。通过这种方法,可以深刻地察觉教育游戏情境中的困惑状态,为构建个性化学习路径提供依据。

综上所述,困惑是学习中最重要的认知情绪之一,它与学习效率密切相关。本研究以教育游戏中的逻辑推理为例,探讨了困惑检测问题。由于EEG数据和困惑状态的复杂性,所以我们设计了两个实验来诱发逻辑推理中的困惑,将这个方法从实验室(瑞文测验)扩展到应用程序(Sokoban游戏)。针对教育游戏数据集规模太小无法训练的问题,提出了基于跨任务、跨被试的端到端的方法。它不仅提供了一种可以直接使用原始数据对困惑状态进行分类的方法,而且还提供了基于小数据集构建学习模型的可能性。最后,对游戏中的困惑进行分类的准确率达到了91.04%。总之,本研究的发现有助于我们理解EEG数据与困惑状态之间的关系,以及如何采用基于脑电的方法对评估教育游戏环境下的学生困惑。

4.5 脑机接口与机器学习关联

本小节将简述脑机接口与机器学习之间的联系。鉴于机器学习的基础知识并非本书的重点,故不在此深入展开。

在被动式脑机接口的研究中,研究人员关心的问题包括使用脑电是否能准确检测学习者的认知状态或学习情绪,准确率能够达到多少?分类不只是二分类,而是多分类,准确率是否能达到预期?如果能够采集的数据不易标记,源领域数据和目标领域数据不是同分布,是否还能够达到准确识别的目的?为了解决上述问题,需要机器学习的方法,甚至是方法的创新。

机器学习能够从高维且包含噪声的脑电信号中提取出有意义的信息,将采集的大脑活动映射为不同的分类,从而转换成控制命令或大脑的认知状态,因此机器学习是脑机接口的重要部分之一。机器学习算法可大致分为监督学习、半监督学习和无监督学习。当前脑机接口的构建多使用监督学习。

监督学习也简称为分类或者回归。在监督学习中,给定一组包含输入及相应输出的训练数据,通过算法能够构建分类器,分类器是从训练数据中获得的函数关系,这个函数能够将不同状态下大脑活动的特征值甚至是原始数据,映射为不同的分类,从而达到预测未知状态属于何种类型的目的。若分类的目标是离散的类别,则这个任务属于分类,若分类的目标是连续的,则这个任务属于回归。对分类任务来说,分类目标的数量决定该分类是二分类还是多分类(如三分类、四分类)。

4.6 小　　结

本章首先讨论了一项关于教育游戏中困惑情绪识别的脑机接口研究,通过介绍这项识别系统的体系结构设计、构建与验证,使得读者对跨被试、跨任务有了初步了解。在此基础上,本章简要介绍了脑机接口与机器学习之间的关联。

参 考 文 献

[1] IFENTHALER D, ESERYEL D, GE X. Assessment for game-based learning[M]//IFENTHALER D, ESERYEL D, GE X. Assessment in Game-Based Learning. New York: Springer, 2012: 1-8.

[2] KIRRIEMUIR J, MCFARLANE A. Literature review in games and learning[R]. Bristol: Nesta Futurelab, 2003: 3-4.

[3] MORENO-GER P, BURGOS D, MARTÍNEZ-ORTIZ I, et al. Educational game design for online education[J]. Comput Hum Behav, 2008, 24(6): 2530-2540.

[4] QIAN M H, CLARK K R. Game-based learning and 21st century skills: a review of recent research[J]. Comput Hum Behav, 2016, 63: 50-58.

[5] ALL A, NUÑEZ CASTELLAR E P, VAN LOOY J. Assessing the effectiveness of digital game-based learning: Best practices[J]. Comput

Educ, 2016, 92: 90-103.

[6] ZHOU Y, XU T, ZHU Z X, et al. Learning in doing: a model of design and assessment for using new interaction in educational game[M]//Lecture Notes in Computer Science. Cham: Springer International Publishing, 2018: 225-236.

[7] XU J H, ZHONG B C. Review on portable EEG technology in educational research[J]. Comput Hum Behav, 2018, 81: 340-349.

[8] XU T, ZHOU Y, WANG Z, et al. Learning emotions EEG-based recognition and brain activity: a survey study on BCI for intelligent tutoring system[J]. Procedia Comput Sci, 2018, 130: 376-382.

[9] PEKRUN R, LINNENBRINK-GARCIA L. Academic emotions and student engagement[M]//PEKRUN R, LINNENBRINK-GARCIA L. Handbook of Research on Student Engagement. Boston: Springer, 2012: 259-282.

[10] SZAFIR D, MUTLU B. Pay attention: Designing adaptive agents that monitor and improve user engagement[C]//Proceedings of the SIGCHI Conference on Human Factors in Computing Systems. Austin, Texas, USA: ACM, 2012: 11-20.

[11] SAEED S, ZYNGIER D. How motivation influences student engagement: a qualitative case study[J]. J Educ Learn, 2012, 1(2): 252-267.

[12] SCHUNK D H, PINTRICH P R, MEECE J L. Motivation in Education: Theory, Research, and Applications[M]. 3rd ed. Upper Saddle River, NJ: Pearson/Merrill Prentice Hall, 2008: 1-35.

[13] GHALI R, OUELLET S, FRASSON C. LewiSpace: an exploratory study with a machine learning model in an educational game[J]. J Educ Train Stud, 2015, 4(1): 192-201.

[14] GHERGULESCU I, MUNTEAN C H. A novel sensor-based methodology for learner's motivation analysis in game-based learning [J]. Interact Comput, 2014, 26(4): 305-320.

[15] ANDERSON J R. Cognitive Psychology and its Implications[M]. New York: Worth Publishers, 2009.

[16] GRAESSER A C, LU S, OLDE B A, et al. Question asking and eye tracking during cognitive disequilibrium: comprehending illustrated texts on devices when the devices break down[J]. Mem Cognit, 2005, 33(7): 1235-1247.

[17] KORT B, REILLY R, PICARD R W. External representation of learning process and domain knowledge: affective state as a determinate of its structure and function [C]// Proceedings of Workshop on Artificial Intelligence in Education Press (AI-ED 2001). Heidelberg, Germany: Springer, 2001: 64-69.

[18] LEHMAN B, D'MELLO S, GRAESSER A. Confusion and complex learning during interactions with computer learning environments[J]. Internet High Educ, 2012, 15(3): 184-194.

[19] LI M, LU B L. Emotion classification based on gamma-band EEG [C]//2009 Annual International Conference of the IEEE Engineering in Medicine and Biology Society, September 3-6, 2009. Minneapolis, MN: IEEE, 2009: 1223-1226.

[20] NIE D, WANG X W, SHI L C, et al. EEG-based emotion recognition during watching movies [C]//2011 5th International IEEE/EMBS Conference on Neural Engineering, April 27-May 1, 2011. Cancun: IEEE, 2011: 667-670.

[21] ZHOU Y, XU T, CAI Y P, et al. Monitoring cognitive workload in online videos learning through an EEG-based brain-computer interface

[M]//Lecture Notes in Computer Science. Cham: Springer International Publishing, 2017: 64-73.

[22] BRADLEY M M, LANG P J. Measuring emotion: The self-assessment manikin and the semantic differential[J]. J Behav Ther Exp Psychiatry, 1994, 25(1): 49-59.

[23] CLARK R C, MAYER R E. E-learning and the science of instruction: proven guidelines forconsumers and designers of multimedia learning [M]. 3rd ed. San Francisco, CA: Pfeiffer, 2011: 16-17.

[24] HALPERN D F, MILLIS K, GRAESSER A C, et al. Operation ARA: a computerized learning game that teaches critical thinking and scientific reasoning[J]. Think Ski Creat, 2012, 7(2): 93-100.

[25] KAPOOR A, PICARD R W. Multimodal affect recognition in learning environments[C]//Proceedings of the 13th Annual ACM International Conference on Multimedia. Hilton, Singapore: ACM, 2005: 677-682.

[26] WHITEHILL J, SERPELL Z, LIN Y C, et al. The faces of engagement: automatic recognition of studentengagementfrom facial expressions[J]. IEEE Trans Affective Comput, 2014, 5(1): 86-98.

[27] LIU Y J, YU M J, ZHAO G Z, et al. Real-time movie-induced discrete emotion recognition from EEG signals [J]. IEEE Trans AffectiveComput, 2018, 9(4): 550-562.

[28] WANG H, LI Y, HU X, et al. Using EEG to improve massive open online courses feedback interaction [C]// Proceedings of AI-ED Workshop. Heidelberg, Germany: Springer, 2013: 59-66.

[29] CHANEL G, REBETEZ C, BÉTRANCOURT M, et al. Emotion assessment from physiological signals for adaptation of game difficulty [J]. IEEE Trans Syst, Man, Cybern A, 2011, 41(6): 1052-1063.

[30] D'MELLO S, LEHMAN B, PEKRUN R, et al. Confusion can be

beneficial for learning[J]. Learn Instr, 2014, 29: 153 – 170.

[31] SILVIA P J. Confusion and interest: The role of knowledge emotions in aesthetic experience[J]. Psychol Aesthet Creat Arts, 2010, 4(2): 75 – 80.

[32] CLORE G L, HUNTSINGER J R. How emotions inform judgment and regulate thought[J]. Trends Cogn Sci, 2007, 11(9): 393 – 399.

[33] D'MELLO S, GRAESSER A. Dynamics of affective states during complex learning[J]. Learn Instr, 2012, 22(2): 145 – 157.

[34] LEHMAN B, MATTHEWS M, D'MELLO S, et al. What are you feeling? investigating student affective states during expert human tutoring sessions[M]//Lecture Notes in Computer Science. Berlin, Heidelberg: Springer, 2008: 50 – 59.

[35] GRIMES D, TAN D S, HUDSON S E, et al. Feasibility and pragmatics of classifying working memory load with an electroencephalograph[C]//Proceedings of the SIGCHI Conference on Human Factors in Computing Systems. Florence, Italy: ACM, 2008: 835 – 844.

[36] KLIMESCH W. EEG alpha and theta oscillations reflect cognitive and memory performance: A review and analysis[J]. Brain Res Brain Res Rev, 1999, 29(2/3): 169 – 195.

[37] SHARMA N, GEDEON T. Objective measures, sensors and computational techniques for stress recognition and classification: A survey[J]. Comput Meth Programs Biomed, 2012, 108(3): 1287 –1301.

[38] KIM M K, KIM M, OH E, et al. A review on the computational methods for emotional state estimation from the human EEG[J]. Comput Math Methods Med, 2013, 2013: 573734.

[39] WANG X W, NIE D, LU B L. Emotional state classification from EEG data using machine learning approach[J]. Neurocomputing, 2014, 129: 94-106.

[40] LECUN Y, BENGIO Y, HINTON G. Deep learning[J]. Nature, 2015, 521: 436-444

[41] REN Y F, WU Y. Convolutional deep belief networks for feature extraction of EEG signal[C]//2014 International Joint Conference on Neural Networks (IJCNN): July 6-11, 2014. Beijing, China: IEEE, 2014: 2850-2853.

[42] STURM I, LAPUSCHKIN S, SAMEK W, et al. Interpretable deep neural networks for single-trial EEG classification[J]. J Neurosci Meth, 2016, 274: 141-145.

[43] TANG Z C, LI C, SUN S Q. Single-trial EEG classification of motor imagery using deepconvolutional neural networks[J]. Optik, 2017, 130: 11-18.

[44] BASHIVAN P, RISH I, YEASIN M, et al. Learning representations from EEG with deep recurrent-convolutional neural networks[C]// Proceedings of 4th International Conference on Learning Representations. arXiv, 2016: 1-15.

[45] JIAO Z C, GAO X B, WANG Y, et al. Deep convolutional neural networks for mental load classification based on EEG data[J]. Pattern Recognit, 2018, 76: 582-595.

[46] HAJINOROOZI M, MAO Z J, JUNG T P, et al. EEG-based prediction of driver's cognitive performance by deepconvolutional neural network[J]. Signal Process Image Commun, 2016, 47: 549-555.

[47] SUN X Y, QIAN C L, CHEN Z Q, et al. Remembered or forgotten?: an EEG-based computational prediction approach[J]. PLoS One, 2016,

11(12): e0167497.

[48] ANTONIADES A, SPYROU L, TOOK CC, et al. Deep learning for epileptic intracranial EEG data[C]//2016 IEEE 26th International Workshop on Machine Learning for Signal Processing (MLSP). September 13-16, 2016. Vietri sul Mare, Salerno, Italy: IEEE, 2016: 1-6.

[49] RAVEN J. The raven's progressive matrices: change and stability over culture and time[J]. Cogn Psychol, 2000, 41(1): 1-48.

[50] E-prime 2. 0 [EB/OL]. (2024-01-20) [2024-04-09]. http://www.psychology-software-tools. mybigcommerce. com/e-prime-2-0-professi- onal/.

第5章 针对不同被试变长脑电数据处理方法研究

5.1 变长脑电数据问题

人脑是一个难以解释且复杂的动态系统[1]。如何解码大脑活动一直是研究者面临的难题。为了在不干扰大脑的前提下理解它的活动,脑电[2]、功能性近红外光谱[3]和功能性磁共振成像[4]已被广泛应用于测量大脑活动,它们各有优势。脑电能记录和监控大脑的电生理活动。fNIRS 通过与神经元行为相关的血液动力学反应来监测大脑。EEG 和 fNIRS 均具有良好的时间分辨率,用来描述大脑的实时状态。作为一种高空间分辨率的测量方法,fMRI 通过检测血液的相关变化来测量大脑活动并提供数据源。

在过去的 20 年里,脑电已经成为一种成本低廉、高度可行的研究大脑活动的技术,常用于诊断疾病[5]、分析情绪[6]和操控特定机器[7]。机器学习技术越来越广泛地被用来处理脑电数据和解码大脑中的隐藏模式,并在基于脑电的研究和应用领域发挥重要作用[8]。目前,对脑电数据进行分类的方法有两种,即传统型和端到端型。传统方法通过对脑电数据在时域、频域或空间域上进行滤波处理来提取特征,以搭建分类器和模型。从数据量方面来看,脑电信号数据规模小于图像、音频数据集,支持向量机在处理脑电信号数据时效果良好,已被广泛使用[9-10]。1994 年,Tsoi 等人[11]试图使用基于脑电数据的人工神经网络(Artificial Neural Networks,ANNs)来检测人是否患有精神病。近年来的研究表明,在给定足够的可用训练数据的情况下,深度学习网络对于脑电信号分类是有效的[12]。而端到端方法能够直接通过原始脑电数据构建分类器,无需手工提取特征,它使用单个神经网络代替多个步骤,为解码大脑的特征选择提供了解决方法。

学习是人类最重要的大脑活动之一。识别学习者的认知状态而后进行学习干预,能够改善学习体验和结果。因此,识别并理解人类在学习过程中的认知状态,对研究者极具吸引力,同时也是一个挑战。与面部表情和行为相比,生理测量涉及大脑的神经活动,可以直接反映人类的内在精神状态。脑电作为生理指标之一,具有良好的时间分辨率,能够反映情绪随时间的变化。

要理解和识别人类认知状态,需要解决一个难题:如何处理长度不固定的输入和输出数据。在真实学习环境中,测试项目差异和个体差异导致输入长度并不固定。首先,同一个学习者对不同测试项目的反应不同,表现在思考和回答问题所用时长不同。其次,由于个体差异,不同学习者面对同一个测试项目时的思考时长不同,这也体现在答题时长上的差异。因此,实验中每个试次收集的脑电记录长度是不固定的。

由于传统的分类器需要固定长度的输入数据,所以当前的一些处理方法总是试图将所有试次的脑电记录限制在固定时长内。强制输入相同长度会导致隐藏在数据中的信息丢失。一些方法[13-17]使用固定长度的滑动时间窗来遍历不同试次中长度不同的脑电记录。例如,Xu 等人提出了 WM－TFA 技术[13],应用一组滑动窗口而不是单个窗口来处理脑电数据。结果表明,WM－TFA 技术是估计 TF 分布的有效工具。Liu 等人利用滑动窗口提出了一种基于分形维数的基本情绪量化算法[15]。滑动窗口的优势是能够实现实时处理。为了实时识别离散情绪,Liu 等人[16]使用短时傅立叶变换(Short-time Fourier Transform, STFT)和滑动时间窗方法进行基于时频分析的特征提取和归一化。结果表明,该系统在准确度上优于现有的基于脑电信号的实时情感识别系统。关于情绪分类,Wang 等人[17]使用了一个无重叠的时间窗口来处理脑电数据,并测试了窗口大小带来的影响。然而,处理切片之间重叠部分的滑动时间窗方法在计算切片的重叠部分时,需要的计算量是巨大的,而没有重叠的时间窗可能会导致隐藏在脑电数据中的信息被遗漏。

本书提出了一种处理可变长度脑电数据的新方法——只遍历一次(Traverse Only Once,TOO),以便在处理非固定长度脑电数据时,达到计算量小、性能高的目的。这是一种卷积仲裁投票方法,它解决了输入数据长度不固定的问题,并减少了不必要的计算。首先,TOO的主要思想是只需通过遍历一次每个试次的脑电数据,就能建立一个纯卷积模型来识别两类认知状态。为了避免对数据切片重叠部分的计算,该模型通过矩形卷积核遍历替代滑动时间窗口。其次,为了处理长度不固定的输入输出数据,采用 1×1 卷积层代替全连接层。从 1×1 卷积层生成的输出单元与由滑动时间窗口创建的切片一一对应,反映了对认知状态的变化。最后,使用仲裁投票来处理输出单元,每个单元代表整个单个试次的认知状态。

与现有的处理脑电数据的机器学习方法相比,该方法具有以下优点。第一,TOO能够使用卷积的滑动时间窗来实现长度不固定脑电数据的处理。它为不同长度的试次提供了一个自适应模型。第二,它支持端到端学习,只需遍历一次脑电数据就能进行分类。端到端学习可以直接利用脑电的原始数据作为输入进行学习。人脑和认知活动研究的局限性导致了目前尚不清楚应该从脑电数据中提取哪些潜在特质用于常规方法进行特定认知状态分类。而端到端学习能够将原始数据直接映射到目标,不需要提取特征。第三,本研究通过评估,证明了TOO在同样分类效果下,避免了像滑动时间窗口技术那样需要高度重复的计算。第四,TOO不仅获得了反映认知状态变化的局部分类结果,还用仲裁投票方法获得了代表整个试次状态的分类。

为了验证这种方法,本研究实施了一项实验,在这个实验中,研究使用瑞文渐进矩阵(Raven's Progressive Matrices,RPMs)[18]来诱发两种认知状态并收集脑电数据,结果显示TOO效果良好且计算量低。与最先进的滑动窗口端到端方法进行比较,TOO 达到了更好的精度(83.58%),使用了约是其他方法 1/10 (11.16%)的浮点运算量。而且,TOO 也能用于其他应用领域的可变长度信号处理。

5.2 卷积仲裁投票方法

受 YOLO[19]的启发,我们提出了一种卷积仲裁投票方法,该方法能够只遍历一次整个脑电数据来实现分类。如图 5.1 所示,整个算法由以下 3 个主要部分组成:滑动时间窗的卷积实现、1×1 卷积层和仲裁投票。

5.2.1 滑动时间窗的卷积实现

TOO 方法的第一部分是滑动时间窗口的卷积实现。我们使用卷积来一次性计算整个脑电数据输入,以代替滑动时间窗口,即滑动时间窗的卷积实现。图 5.2(a)显示了一种滑动时间窗口方法,该方法将整个试次的脑电数据分割成若干个窗口,并一次计算一个输入窗口。与滑动时间窗方法相比,卷积实现共享重叠部分的计算结果,以避免重复计算。在深度学习中,卷积被认为是一种互相关。它使用"窗口"(或卷积核)执行元素级乘积,然后将结果汇总为单个输出。为了产生下一个结果,它在输入中滑动卷积核并执行相同的操作。卷积具有平移不变性和线性特征,并且"窗口"的所有权重都可以共享。

当以卷积方式实现滑动窗口时[见图 5.2(b)],困难在于如何确保输出大小等于滑动窗口的数量,如图 5.2 的底部所示。一个卷积层的输出大小取决于卷积核的大小和步长。在我们的例子中,从多个通道(即 8 个通道)采集的脑电输入看起来像一个极长的窄带,其中的长度(采样率乘以一次试次时间)远大于宽度(通道数)。它的大小不同于一般的深度学习任务(如图像处理)。因此,我们设计了一个矩形卷积核来代替传统的方形核来匹配脑电数据的这一特征。脑电数据的模型结构可以根据卷积核和步幅的长宽进行定制。

第 5 章 针对不同被试变长脑电数据处理方法研究

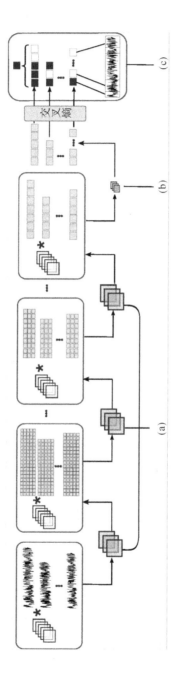

图 5.1 TOO 方法
(a) 滑动时间窗的卷积实现；(b) 1×1 卷积层；(c) 仲裁投票

每层的输出取决于卷积核的大小和步长。通过调整层数、卷积核大小和步长,我们可以构建产生理想输出维度的网络(见图 5.2 的底部)。每层的输出表示为

$$O_w = \frac{(I_w - K_w + 2 \times P)}{K_s} + 1$$

$$O_h = \frac{(I_h - K_h + 2 \times P)}{K_s} + 1$$

式中:O_w 和 O_h 分别为输出的宽度和高度;I_w 和 I_h 分别为输入的宽度和高度;K_w 和 K_h 分别为卷积核的宽度和高度;P 为填充大小;K_s 为卷积核步幅。

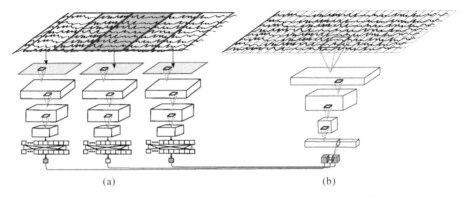

图 5.2 从滑动时间窗口方法到滑动时间窗口的卷积实现

(a)脑电数据被滑动时间窗分割成三段,这些片段分别用神经网络分类器进行预测;

(b)将相同的脑电信号数据进行纯卷积处理,直接得到三个输出单元,这三个输出单元对应于(a)中滑动时间窗产生的三个片段

5.2.2 将全连接层转换为 1×1 卷积层

TOO 的第二部分是 1×1 卷积层。典型的卷积神经网络包含两个部分:特征提取和分类。卷积层被用于从数据中提取特征。在最后一个卷积层的输出被展开后,全连接层(Fully Connected layer,FC)被添加,将数据分为不同的类别。这种结构使得整个网络可以通过反向传播端到端进行训练。但是受 FC 层的影响,输出和输入的大小必须固定。FC 层要求每个神经元连接到另一侧的所有

神经元,如图 5.3(a)所示。如果输入或输出的大小改变了,网络也必须同时改变。

在数学上,1×1 卷积层可以相当于一个全连接层。对共享参数的卷积核可以连接到一个局部区域,因此两层之间的功能形式是相同的,不会因网络结构的影响而改变,如图 5.3(b)所示。

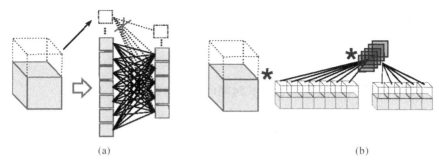

图 5.3 将 FC 层转换为 1×1 卷积层

(a)FC 层; (b)1×1 卷积层

为了满足处理可变长度输入输出的要求,我们使用 1×1 卷积来代替 TOO 中网络末端部分的 FC 层(见图 5.3)。FC 层与 1×1 卷积层的主要区别在于前者需要一个固定大小的输入,后者可以在相同的参数(权重)下处理可变大小可变的输入和输出。

在 TOO 中,输出大小取决于每个试次脑电数据的长度、滑动时间窗口的长度和滑动时间窗口的跨度。从最后一层产生的每个输出单元代表一个认知状态,该认知状态取决于由单个滑动窗口产生的分类结果。最终输出单元的数量表示为

$$N = \frac{L_t - L_w}{S} + 1$$

式中:N 为最终输出单元的数量;L_t 为试次的长度;L_w 为滑动窗口的长度;S 滑

动时间窗口的步长。

在 TOO 中，模型的结构是动态自适应的，但是卷积核的大小是不可变的。TOO 模型设计可以同时对不同长度的脑电数据进行端到端的训练。

5.2.3 仲裁投票

TOO 方法的最后一步是仲裁投票。通过仲裁投票，TOO 提供了获得全局结果和局部结果的机会。在某些情况下，对许多研究人员，尤其是心理学家来说，重点是不仅要识别出认知状态，还要知道这种认知状态的变化情况。识别学习过程中认知状态的变化能够帮助研究人员在精细的层面上研究认知状态。在其他情况下，研究者也非常关注较长时期内的认知状态。

使用全卷积网络可以直接获得基于全卷积网络的每个试次的主要认知状态作为全局结果。但这个结果只能反映一段时间内的情绪状态，而不能反映其间的细微变化。因此，如图 5.1 所示，我们在 TOO 中集成了一个仲裁投票部分。滑动时间窗和 1×1 卷积层的卷积可以产生与滑动时间窗产生的输出数量相同的输出单元。这些输出单元反映了大脑状态随时间的变化，对认知研究至关重要。仲裁投票作用于输出单元，产生一个代表整个数据的认知状态，帮助研究人员探索一段时间内受试者的主要认知状态。

处理好可能出现的平局是成功投票的前提。在本研究中，我们只考虑二元分类。为了避免在投票中出现平局，输出单元的总数必须是奇数。在我们的方法中，从整段数据中删除最后一个额外的一小段并保留整数秒。由于大多数伪迹都是由每个试次结束时的交互操作引起的，所以这种微调策略在使输出单元总数为奇数的同时，最大限度地减少了脑电数据的损失。例如，如图 5.4 所示，一个试次的脑电长度为 6.12 s，滑动窗口的长度为 4 s，步长为 0.5 s，因此，我们的模型计算的输出单元数为 5，最后的 0.12 s 数据被丢弃。

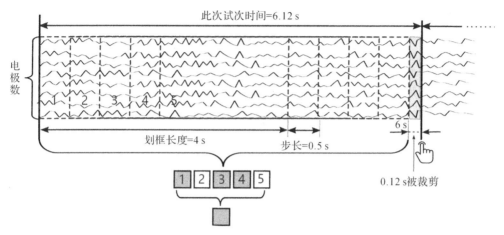

图 5.4 仲裁投票中为避免平局而采取的策略

5.3 变长脑电数据处理的模型设计与验证

为了区分学习者正确回答问题时的认知状态是猜测还是理解,我们设计并实施了一个实验,如图 5.5(a)所示。在这个实验中,我们收集脑电数据、数据分割时间戳、受试者对 RPMs 回答的自我评估,并通过这些数据来验证 TOO 方法。

5.3.1 实验设计

5.3.1.1 研究对象

23 名受试者参加了这次实验,年龄覆盖 20~47 岁(平均值为 24.48 岁,标准差为 6.36 岁),包括 11 名女性和 12 名男性。所有受试者视力正常或矫正视力正常,均为右利手。大多数受试者(60.87%)受过大学教育。所有受试者均在大学工作或学习。所有受试者都已阅读并签署了知情同意书。所有数据都可以公开共享。受试者得到了相应报酬。

5.3.1.2 刺激材料

在实验中,我们选择了瑞文测验矩阵作为诱发材料来诱发逻辑推理中的两种认知状态,包括猜测和理解。RPMs 是一种非语言智力测试,其分数不受文化和知识的影响。每个测试项目的任务是基于模式推理从 6 个或 8 个选项中选择缺失的一项。使用键盘而不是鼠标选择答案,能够最大限度地减少肌电带来的伪迹。我们筛选了 48 个不同难度的测试项目。项目难度指数在 0~0.83 之间,平均数为 0.27,保证能诱发猜测和理解状态。总体而言,每个受试者都完成了 48 次逻辑推理实验。

当受试者正确回答 RPMs 项目,并在回答过程中报告"困惑"状态时,该试次脑电数据被标记为猜测。当受试者正确回答了 RPMs 项目且没有感到困惑时,该试次脑电数据被标记为理解。此数据集中不包括错误答案。为了保证结果可信,我们将项目答案与受试者的自陈报告数据相结合,以标记脑电信号并进行分类。

5.3.1.3 实验过程

实验一开始,测试人员简单介绍了此实验,并请求受试者同意将记录的脑电数据用于研究目的。每个受试者都阅读并签署了同意书。然后每个受试者戴上脑电电极帽,先观看 10 幅风景图让大脑充分休息,然后对由 E-Prime2.0[20]生成的 48 个 RPMs 连续测试项目进行思考和回答,如图 5.5(b)所示。最后,每个受试者在完成实验后将填写一份自陈问卷记录自己的答题状态。在观看图片并思考的这个过程中,脑电数据通过笔记本电脑记录下来,刺激通过另一台计算机呈现,触发器被用来同步时间戳。

5.3.1.4 采集设备

在本实验中,我们使用 OpenBCI Cyton 板和 3D 打印头盔来采集脑电数据。该脑电设备有 8 个通道(Fp1、Fp2、C3、C4、T5、T6、O1 和 O2)以及 2 个参考通道(A1 和 A2),电极位置基于 10-20 系统[见图 5.5(b)],采样频率为 250 Hz。我们将触发功能和硬件集成到系统中,用于帮助生成时间戳,从而分割每个受试者的数据。本实验的诱发基于 E-Prime 2.0 生成。通过 E-Prime 软件,我们还收集了受试者对 RPMs 的答案。在诱发阶段结束后,受试者填写自陈评估报告。为了使标签准确地反映认知状态,本研究结合了自陈评估的数据和对 RPMs 的回答来标记标签。

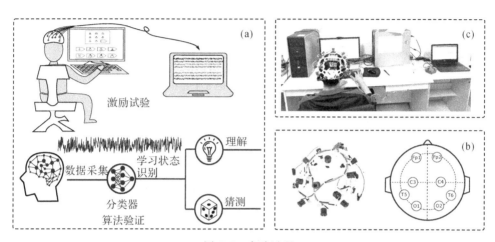

图 5.5　实验过程

(a)脑电数据流的采集、猜测与理解状态的识别;

(b)OpenBCI 采集设备和 8 个通道的位置;

(c)受试者之一在实验中观看刺激和选择项目,脑电数据被收集并显示在另一台计算机的屏幕上

5.3.2　模型的评估

我们用不同的方法进行了测试,并将 TOO 方法与 Xu 等人提出的 STQV 方法[21]进行了比较,测试的分类任务为区分猜测和理解状态。

5.3.2.1　模型设计

STQV 基于滑动时间窗方法,旨在处理可变的脑电数据。为了进行比较,我们使用 TOO 方法构建了一个模型,该模型具有与 STQV 相同的层数和输出单元数。图 5.6 中展示了该模型的细节。TOO 模型由 6 个卷积层、1 个 1×1 卷积层和 1 个仲裁投票层组成。输入宽度为电极数,输入长度为每个试次中受试者的回答时间。输出大小对应于滑动时间窗口的数量。

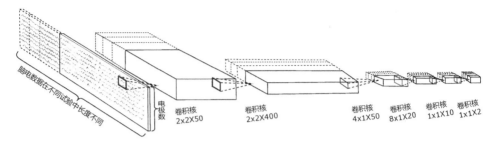

图 5.6　TOO 模型结构的 6 个卷积层

5.3.2.2　脑电数据集和训练

我们收集的脑电数据具有以下特性:第一,由于个体差异和测试项目难度的差异,每个试次的脑电数据长度不同;第二,这些数据的标签有两类。我们创建了一个数据集来存储脑电数据。总共有 1 104 个试次(23×48)的脑电数据,每个试次的脑电数据包含 8 个通道的数据。在 1 104 个试次中,我们只提取了与猜测和理解分类有关的 294 个试次。因此,294 个标签为猜测或理解的试次数据被用以评估 TOO 方法。其中,数据长度的最大值为 15 s,最小值为 5 s,平均值为 10.57 s,标准差为 5.86 s。STQV 中的滑动时间窗口生成了 4 194 个片段。输出大小由滑动时间窗口的数量决定,如图 5.2 所示。滑动窗口的长度为 4 s,步幅为 0.5 s。最后,TOO 模型生成了 4 194 个输出单元。

在这项工作中,我们将数据分成两个数据集,即训练集和测试集。然后,我们使用分割的训练集和测试集来评估最终模型的性能。训练集随机选取 16 名受试者的脑电数据,测试集使用 7 名受试者的数据。学习率设置为 1.5×10^{-3}。本研究采用二元交叉熵计算模型损失,采用随机梯度下降作为优化算法降低损失。在迭代训练模型时,为了避免过拟合,采用了早停的正则化方法。

5.3.3　模型的验证

5.3.3.1　准确率

首先,我们比较了 TOO 和基于仲裁投票的滑动时间窗 STQV 方法[22]的执行效率。STQV 是一种处理可变长度输入的方法。它将可变长度的脑电数据分割成固定长度的片段,然后预测每个片段的类别,并通过对片段投票来确定整段脑电数据的类别。在参考文献[22]中,STQV 方法是通过端到端 ConvNets 和滤波器组公共空间模式(Filter Bank Spatial Pattern,FBCSP)结合支持向量机 SVM、线性判别分析 LDA 和朴素贝叶斯帕尔森窗 NBPW 分类算法实现的。它采用滑动时间窗口来处理长度不固定的数据。每个试次的脑电数据首先被分割成 4 s 的时间窗口,两个连续的时间窗口之间有 3.5 s 的重叠。步幅为 0.5 s,每个片段是 4 s。片段被用作通过端到端卷积分类的输入。

我们不仅在输出单元层面进行了比较,也在试次层面进行了比较。如表5.1所示,TOO 的准确率在输出单元级别达到 86.00%,在试次级别达到 83.58%,表现与使用 STQV 方法的端到端 ConvNets 一样好。

表 5.1 TOO 和 STQV 方法的准确率比较

实验方法	STQV				TOO
	FBCSP+SVM	FBCSP+LDA	FBCSP+NBPW	ConvNets	
输出单元试次	81.22%	82.04%	82.04%	86.26%	86.00%
	83.71%	82.64%	80.65%	83.58%	83.58%

5.3.3.2 计算量

基于卷积核算法的浮点运算(FLOPs)[22]如下:

$$\text{FLOPs} = 2 \times H \times W \times (C_{\text{in}} \times K_{\text{h}} \times K_{\text{w}} + 1) \times C_{\text{out}}$$

式中:H、W 和 C_{in} 分别是输入特征图的高度、宽度和通道数;K_{h} 和 K_{w} 是卷积核宽度和卷积核长度;C_{out} 是输出通道的数量。

与滑动时间窗方法不同,TOO 遍历整个试次的脑电数据进行训练和测试,大大减少了重复计算的过程。如表 5.1 所示,与 FBCSP+SVM、FBCSP+LDA 和 FBCSP+NBPW 相比,ConvNets 的性能最好。ConvNets 和 TOO 都是基于卷积神经网络,使用仲裁投票。在这项工作中,我们将 TOO 和 STQV 的 ConvNets 进行了比较,并计算了两者的浮点运算量。

如图 5.7 所示,对比计算量,TOO 的性能显著优于 STQV。TOO 模型的计算量要少得多,而且精度很高。图 5.7(a)中的条形图表示每个试次的浮点运算量,其中红色代表 TOO,蓝色代表 STQV。图 5.7(b)中的折线描述了每个受试者的浮点运算量。对所有试次和所有受试者而言,TOO 产生的计算量远小于 STQV。STQV 的所有试次的浮点计算量的平均值为 $4.095\,9\times10^7$,而 TOO 的平均值仅为 $0.457\,3\times10^7$。在这个测试中,TOO 只用了 STQV 的浮点计算量的 11.16% 就达到了相同的性能。

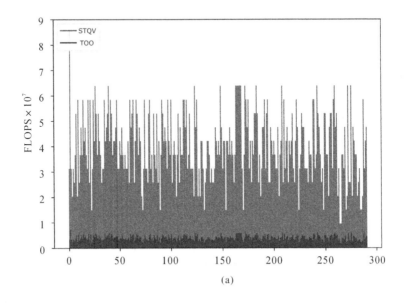

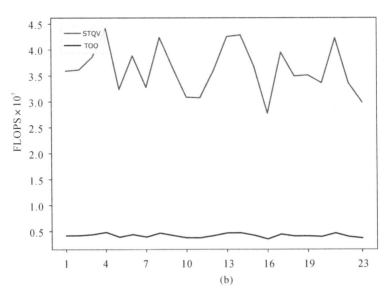

图 5.7　TOO 和 STQV 的浮点运算量比较

(a)横坐标为试次的浮点运算量图；　(b)横坐标为受试者的浮点运算量图

5.4 小　　结

在本研究中，我们提出了一种称为 TOO 的卷积仲裁投票方法来识别脑电数据中的两类认知状态。TOO 建立了一个动态自适应模型来处理输入和输出可变长度的脑电信号。由于其本质上是纯卷积运算，所以它只需遍历整个输入数据一次就能产生分类结果，而不是像滑动时间窗方法那样重复计算重叠数据，这极大地减少了计算量。评估结果表明，该方法的分类准确率为 83.58%，但计算量仅为现有滑动时间窗方法的 1/10 左右。这一研究为用卷积进行脑电数据处理提供了新的思路。此外，TOO 模型在其他领域处理可变长度数据也具有巨大的潜力，如基于语音的情感识别、生理信号识别和基于传感器的活动识别。

参 考 文 献

[1] SIEGELMANN H T. Complex systems science and brain dynamics[J]. FrontComput Neurosci, 2010, 4: 7.

[2] Electroencephalography[EB/OL]. (2024-02-20)[2024-04-08]. https://en.wikipedia.org/w/index.php?title=Electroencephalography&oldid=934155354.

[3] Functional Near-infrared Spectroscopy[EB/OL]. (2024-03-14)[2024-04-10]. https://en.wikipedia.org/w/index.php?title=Functional_near-infrared_spectroscopy&oldid=933949662.

[4] Functional Magnetic Resonance Imaging[EB/OL]. (2024-02-26)[2024-04-12]. https://en.wikipedia.org/w/index.php?title=Functional_magnetic_resonance_imaging&oldid=933474853.

[5] JEONG J. EEG dynamics in patients with Alzheimer's disease[J]. Clin Neurophysiol, 2004, 115(7): 1490-1505.

[6] LEE G, KWON M, KAVURI SRI S, et al. Emotion recognition based on 3D fuzzy visual and EEG features in movie clips[J]. Neurocomputing, 2014, 144: 560-568.

[7] KOSTOV A, POLAK M. Parallel man-machine training in development of EEG-based cursor control[J]. IEEE Trans Rehabil Eng, 2000, 8(2): 203-205.

[8] LOTTE F, BOUGRAIN L, CICHOCKI A, et al. A review of classification algorithms for EEG-based brain-computer interfaces: a 10 year update[J]. J Neural Eng, 2018, 15(3): 031005.

[9] FAZLI S, GROZEA C, DANÓCZY M, et al. Subject independent EEG-based BCI decoding[C]// Proceedings of Advances in Neural Information Processing Systems. New York: Curran Associates Inc. Press, 2009: 513-521.

[10] XU T, ZHOU Y, WANG Z, et al. Learning emotions EEG-based recognition and brain activity: a survey study on BCI for intelligent tutoring system[J]. Procedia Comput Sci, 2018, 130: 376-382.

[11] TSOI A C, SO D S C, SERGEJEW A. Classification of electroencephalogram using artificial neural networks[C]// Proceedings of Advances in Neural Information Processing Systems. San Mateo, Calif: Morgan Kaufmann Press, 1994: 1151-1158.

[12] SCHIRRMEISTER R T, SPRINGENBERG J T, FIEDERER L D J, et al. Deep learning withconvolutional neural networks for EEG decoding and visualization[J]. Hum Brain Mapp, 2017, 38(11): 5391-5420.

[13] XU Y, HAYKIN S, RACINE R J. Multiple window time-frequency distribution and coherence of EEG using Slepian sequences and Hermite functions[J]. IEEE Trans Biomed Eng, 1999, 46(7): 861-866.

[14] MULLEN T, KOTHE C, CHI Y M, et al. Real-time modeling and 3D

visualization of source dynamics and connectivity using wearable EEG [C]//2013 35th Annual International Conference of the IEEE Engineering in Medicine and Biology Society (EMBC), July 3-7, 2013. Osaka: IEEE, 2013: 2184 – 2187.

[15] LIU Y S, SOURINA O, NGUYEN M K. Real-time EEG-based human emotion recognition and visualization [C]//2010 International Conference on Cyberworlds, October 20-22, 2010. Singapore, Singapore: IEEE, 2010: 262 – 269.

[16] LIU Y J, YU M J, ZHAO G Z, et al. Real-time movie-induced discrete emotion recognition from EEG signals [J]. IEEE Trans AffectiveComput, 2018, 9(4): 550 – 562.

[17] WANG X W, NIE D, LU B L. Emotional state classification from EEG data using machine learning approach[J]. Neurocomputing, 2014, 129: 94 – 99.

[18] RAVEN J. The raven's progressive matrices: change and stability over culture and time[J]. Cogn Psychol, 2000, 41(1): 1-48.

[19] REDMON J, DIVVALA S, GIRSHICK R, et al. You only look once: Unified, real-time object detection [C]//2016 IEEE Conference on Computer Vision and Pattern Recognition (CVPR), June 27-30, 2016. Las Vegas, NV, USA: IEEE, 2016: 779 – 788.

[20] E-Prime ® \textbar Psychology Software Tools.

[21] XU T, ZHOU Y, WANG Y H, et al. Guess or not?: a brain-computer interface using EEG signals for revealing the secret behind scores[C]//Extended Abstracts of the 2019 CHI Conference on Human Factors in Computing Systems. Glasgow ScotlandUk. ACM, 2019: 1 – 6.

[22] MOLCHANOV P, TYREE S, KARRAS T, et al. Pruning

convolutional neural networks for resource efficient inference[C]// Proceedings of 5th International Conference on Learning Representations. arXiv, 2017: 1-17.

第6章 脑电、节律、认知与情绪

6.1 在线视频学习中识别认知负荷的脑机接口

如今,网络技术彻底改变了人们向学习者提供课程和学习模式的方式。作为网络对教育的贡献之一,大规模在线开放课程(Massive Open Online Courses,MOOCs)形成了新的数字化学习环境,为大规模开放学习提供支持,并支持学习者根据自身进度选择教学视频片段进行学习。尽管在线课程和数字环境很受欢迎,但它们尚不能提供有效的教学策略。问题之一是如何检测学习者的认知状态(更进一步说,是情绪状态)并在数字环境中提供个性化教学。在真实的课堂中,教师很容易观察学习者的认知状态,根据实际情况调整授课速度和授课内容,从而提升学习者的学习兴趣和参与度。当前的MOOCs平台不支持认知状态识别,视频和其他学习材料也不能实现个性化呈现。

近年来,越来越多的研究集中在认知状态的生理测量上,其中基于脑电(EEG)的脑活动测量与自陈报告评估和学习成绩测量相比,能够实现实时监测。当前对认知状态的关注点之一是提高学习者的参与度,包括测量特征、注意水平分类和建模。在参考文献[1]中,用被动式脑机接口(Brain-Computer Interfaces,BCI)增强用户的参与度,并学习如何提供最佳阅读体验。Szafir和Mutlu[2]构建了一个系统,这个系统从人类教师用来在学习者注意力不集中时采取相应策略中获得启发,使机器人代理从脑电数据中获得学习者注意力的实时状况。然而,在学习情境中,参与度下降可能是由于学习者缺乏兴趣,也可能是由于不适当的认知负荷水平。学习者在学习教材时所经历的认知负荷决定了学习效果,利用认知负荷实时评估工具,当学习者认知负荷上升或下降时,教师可通过优化指导、多用案例说明等方式调整教育策略,并观察其策略的调整是否成功。在无监督的数字环境下,嵌入检测模块的系统可以为学习者提供自适应和个性化的学习路径。因此,在学习情境中,监控和分析认知负荷至关重要。

本节讨论了一种实时被动式脑机接口系统,该系统使用基于EEG的Emotiv Epoc+脑机设备持续监测认知负荷,并能够在MOOCs等在线数字环境下工作。本研究选择了两个电极用来提取与认知负荷高度相关的原始脑电信号。目前的原型能够在学习者观看在线课程视频时记录脑电信号并对认知负荷的程度进行分类。该原型有两层结构,采用机器学习方法进行分类。

6.1.1　认知负荷理论及其识别

Sweller[3]提出的认知负荷理论(Cognitive Load Theory,CLT)表明,认知负荷适宜的状态下,学习效果最好。在这一理论中,认知负荷是指在特定的工作时间内,个体认知系统中投入的心理努力的总量。学习者在学习教材时所经历的认知负荷的强度和类型决定了学习效果。Sweller根据认知负荷的来源,将其分为三类[4]:内在认知负荷(Intrinsic Cognitive Load,ICL)、外在认知负荷(Extraneous Cognitive Load,ECL)和相关认知负荷(Germane Cognitive Load,GCL)。尽管认知负荷的性质不明确,其类型不能被直接观察到,但通过对负荷的评估,我们可以根据材料难度(与ICL相关)、表现形式(与ECL相关)和案例(与GCL相关)将负荷调整到预期水平。Brunken等人[5]将评估认知负荷的各种方法总结为两个维度:客观性(主观和客观)和因果关系(间接和直接)。根据检测负荷时间的不同,这些测量方法大致可以分为实时的和非实时的。生理测量通常提供实时检测,如基于EEG的脑机接口、心率、眼动等。自陈报告评估和学习表现(学习结果测量、双重任务表现)通常在任务之前或之后进行。

EEG具有很高的时间分辨率,是一种在复杂认知任务中记录脑活动和模式识别的有效工具。脑电帽可以简单分为医用帽和便携帽。医用帽通常有128个通道,而且价格昂贵。它需要特定的环境或实验室来进行实验,并需要训练有素的技术人员来操作设备。每次程序至少需要半小时来准备设备。尽管医用帽精度高、通道数多,但医用帽对应的系统适用范围较窄。相反,便携帽价格更便宜,更具易用性。

如表6.1所示,我们调查并罗列了几种现有的基于EEG的认知负荷识别系统。使用参考文献[6]中改进的方法测量负荷水平,该方法利用无线EEG信号研究了 n-back 任务中的记忆负荷。这项工作是基于近端支持向量机(Proximal Support Vector Machine,PSVM)算法,利用信号功率特征、统计特征、形态特征和时频特征,区分出高、中、低水平的认知负荷。Honal 和 Schultz[7]使用支持向量机(Support Vector Machine,SVM)和人工神经网络(Artificial Neural Networks,ANNs)对讲座和会议场景中脑电信号的负荷进行分类(见表6.1)。

表6.1 现有的基于EEG的认知负荷识别系统

	负荷水平	刺激/环境	设备	测量的特征	分类器
Wang 等人 (2016)[6]	三级: 1-back, 2-back, 3-back	n-back 任务	Emotiv、Epoc	信号功率、统计特征、形态特征、时频特征	近似支持向量机
Honal 和 Schultz (2008)[7]	两级: 低,高	讲座和会议场景	电极帽和自制的脑电头带	谱特征组成的特征向量	支持向量机和人工神经网络

续表

	负荷水平	刺激/环境	设　备	测量的特征	分类器
Grimes 等人(2008)[8]	三级:1-back,2-back,3-back	n-back 任务	Biosemi Active、Two 32 通道系统	信号功率,theta 与 alpha 的比值,theta 与(alpha+beta)的比值	朴素贝叶斯密度模型
Antonenko 和 Niederhauser (2010)[9]	两级:高水平(无引导),低水平(有引导)	超文本学习环境	Biopac、MP30	alpha、beta、theta 节律的事件相关去同步电位百分比	无
Heger 等人(2010)[10]	负荷指数在 0～1 范围内	侧抑制任务和切换范式	Brain Products actiCAP	谱特征组成的特征向量	支持向量机

在这些研究[8,11-13]中,Gevins 等人及其他人的研究结果表明,记忆负荷的增加与在额叶中线区域的 theta 波段功率的增加有关。此外,在检测记忆负荷的研究中也观察到 alpha 频率的变化。

6.1.2　脑机接口评估认知负荷的系统与设备

6.1.2.1　认知负荷脑机接口的系统设计

这种被动式 BCI 系统的设计适用于普适环境,它支持在任何地方监控学习者的在线学习。该系统由两层组成:用于训练分类器的离线层和用于实时负荷水平识别的在线层。如图 6.1 所示,对于离线层和在线层,其处理过程基于机器学习方法,包括从脑电帽记录的原始 EEG 信号获取、伪迹去除、特征提取和分类。机器学习方法的实现通常需要训练,训练完毕后利用学习模型进行测试或预测。参数在离线层训练完成。

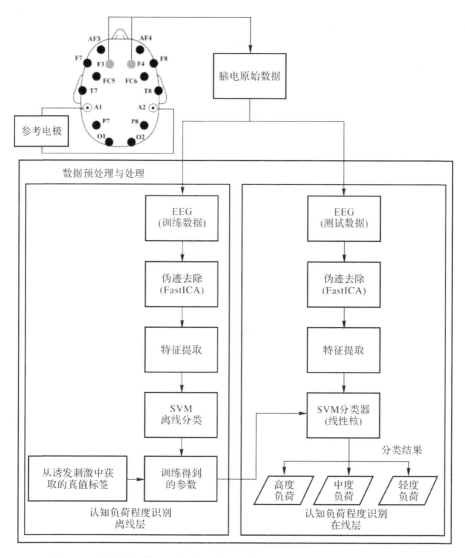

图 6.1 在线课程学习环境中识别认知负荷水平的被动式 BCI 系统的结构

6.1.2.2 便携式脑电采集设备

在这项研究中,我们利用 Emotiv Epoc＋来记录 EEG 信号,用它的 SDK 来开发相关的处理模型(见图 6.2)。Epoc＋具有价格便宜、应用普遍的特点,已经被证明对认知活动的评估是准确、可行的。这个无线采集设备通过 USB 连接到一台计算机,并通过一个头戴式设备读取原始的脑电数据。该头戴式设备包括基于 10-20 系统的 14 个通道,外加 2 个参考通道,采样频率为 128 Hz,它价格低廉、质量轻、通道齐全,适合在在线学习环境下工作。Emotiv SDK 支持 EEG 信号的记录以及进行认知状态识别训练的程序。它支持 C++ 和其他常用语言,如 Python、MATLAB。在这项工作中,我们使用 MATLAB 来建立和测试离线系统,用 C++ 开发在线系统。

图 6.2　Emotiv Epoc+头戴式设备

6.1.3　认知负荷识别系统的构建与验证

6.1.3.1　脑电数据记录与去噪

为提高处理效率,我们使用两个电极来收集原始信号,包括 F3 和 F4(见图 6.1),另外还有两个参考通道 A1 和 A2。F3 和 F4 是与认知负荷高度相关的前额通道,theta 波和 alpha 波反映了工作负荷的变化。

原始脑电数据夹杂着噪音,会影响信号的分析和分类。这些噪音(即伪迹)是由大脑外部产生的,包括眼睛和身体的运动、电子干扰等。独立成分分析(Independent Component Analysis,ICA)可用于去除伪迹,它将脑电信号分解成独立的非高斯信号,以确定噪声信号,并通过去除伪迹重建脑电信号。然而,

ICA 高度依赖人工,往往需要专家亲自手动操作。快速 ICA 和其他扩展 ICA 算法可解决依一问题,并开始在许多研究中广泛使用。在这个研究中,我们使用了一种基于 ICA 的 ADJUST 算法[14]。ADJUST 基于空间和时间特征的组合使用来识别和移除与伪迹相关的成分。通过 ADJUST 算法,该研究成功消除了运动带来的干扰信号。

6.1.3.2 变换与特征提取

监测负荷需要获得与 theta 和 alpha 相关的特征。Epoc+设备的采样频率为 128 Hz,带宽在 0.2~43 Hz 之间,可分解为 delta(0.5~4 Hz)、theta(4~8 Hz)、alpha(8~13 Hz)和 beta(13~30 Hz)波。利用快速傅立叶变换(Fast Fourier Transforms,FFT)对去噪后的脑电信号进行处理,并将其转换成 theta 和 alpha 波段。

由于线性特征提取需要的计算时间较少,因此该研究采用 6 个线性特征,即平均绝对振幅、均方差、方差、活动性、移动性和复杂性。平均绝对振幅、均方差和方差是统计特征,计算如下:

平均绝对振幅 $\quad E(x) = \dfrac{1}{N}\sum_{i=1}^{N}|x_i|$

均方差 $\quad E(x^2) = \dfrac{1}{N}\sum_{i=1}^{N}x_i^2$

方差 $\quad E\{[x-E(x)]^2\} = E(x^2) - [E(x)]^2$

后三个特征活动性、移动性和复杂性基于 Hjorth 参数。Hjorth 参数[15]是 Bo Hjorth 于 1970 年提出的,它体现了信号处理中的统计特性。

活动性参数表示频域内的信号功率,可通过下式计算:

$$活动性 = \mathrm{var}[y(t)]$$

式中:$y(t)$ 指信号。

移动性定义为功率谱的平均频率或标准差的比例,即

$$移动性 = \sqrt{\dfrac{\mathrm{var}[y'(t)]}{\mathrm{var}[y(t)]}}$$

复杂性参数表示信号与正弦波的相似性,即

$$相似性 = \frac{移动性[y'(t)]}{移动性[y(t)]}$$

Hjorth 参数计算所需的时间和资源较少。综上所述,本研究从 2 个频率和 2 个通道的 6 个特征中共计算出 24 个特征。

6.1.3.3 分类

由于这项研究中的样本量小于特征数,因此,基于统计学习理论,本研究采用 SVM[16] 对脑电数据进行分类。SVM 算法具有快速处理的能力。作为机器学习方法之一,它已在许多实际应用中显示出强有力的实证结果,包括文本分类、图像分类、手写数字识别、生物科学等。SVM 的基本思想是找出最大边距超平面来进行分类。除进行线性分类外,SVM 还可以利用核方法有效地进行非线性分类。在核函数方面,我们采用了线性核函数,这是因为从以往的研究来看,它对脑电数据的分类效果优于多项式核函数和高斯径向基核函数。

当前原型的分类器可将认知负荷分成两个水平:高水平和低水平。高水平的认知负荷与需要付出更多努力才能理解的视频内容相联系,低水平的负荷与容易理解和掌握的视频内容相联系,据此,我们得到根据教材难度分类的、准确的负荷水平标签。

6.1.3.4 讨论

我们开发了被动式脑机接口系统,并在实验室环境中对其进行训练。该系统由一台笔记本电脑、Windows 10 和 8.00 G 内存、Emotiv Epoc+脑机设备和两个显示器屏幕组成。如图 6.3 所示,实验中,受试者需要完成的任务是观看在线课程视频片段。每一个片段 3～4 min。实验过程包括准备、观看和填写问卷。视频学习结束后,实验人员请求学习者填写自评问卷和测试题试卷,以验证视频材料的难度水平。在本次训练实验中,我们为原型构建了学习模型和训练参数。

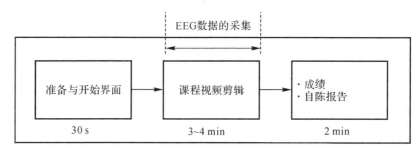

图 6.3 实验数据采集过程

6.2 节律如何反映认知和情绪

6.2.1 脑电术语解析

-graphy、-gram 和 -graph 是在脑电文献中经常看到的后缀,它们不仅看起来相似,且含义也密切相关。后缀 -graphy 的意思是"to record",也就是记录的意思,用于描述记录的行为。electroencephalography 的意思是"记录大脑的电活动"。当完成信号记录过程后,一般会使用计算机记录输出结果,可使用后缀 -gram 描述记录结果,-gram 的意思是名词"record",也就是记录结果。例如,electroencephalogram 的意思是"大脑电活动的记录"。最后一个后缀是 -graph,它的意思是"instrument used to record",也就是用于记录信号的仪器,例如,electroencephalograph 是脑电采集设备,用于记录大脑电活动。

6.2.2 节律如何反映认知和情绪变化

脑电包括 6 种节律:delta 节律(2~4 Hz)、theta 节律(4~8 Hz)、alpha 节律(8~12 Hz)、beta 节律(12~30 Hz)、低频 gamma 节律(30~70 Hz)和高频 gamma 节律(70~150 Hz),这些频段之间没有明确的划分界限,如一些研究认为 theta 节律为 4~7 Hz。研究表明,delta、theta、alpha、beta 以及低频 gamma 这些节律与人类的认知和情绪状态有显著关联,反映了认知过程的执行。alpha 节律的振荡通常与放松状态、闭眼静息以及创造性思维等相关联。而 theta 节律则与情绪调节、空间导航、记忆形成和检索等过程有关。通过分析这些节律的差异、变化等,研究人员能够深入理解大脑的工作机制。

因此,分析脑电数据并挖掘其中的模式是一种理解大脑的有效途径。例如,"PAY ATTENTION"研究中所用的基于脑电的脑机接口,在FP1位置采集数据,用于追踪注意力的变化,并通过视觉和听觉提示帮助学生调整注意力[17]。theta波功率随着认知需求的增加而增强,特别是在额中部区域,即额叶和中央叶的交界区域[18]。这一区域涉及多种复杂的认知功能,包括注意力控制、决策制定、情绪调节和工作记忆等。同时,alpha波的功率在任务难度增加时会降低[19]。

通过对脑模式的研究,研究人员还发现低空间能力者诱发的N1和P2波幅较高,这表明低空间能力者具有较高的认知负荷。此外,高空间能力与低空间能力的学生在脑血流速度方面也存在明显的差异[20]。

此外,随着困惑研究的重要性日益被认可,研究者们开始探索与困惑相关的频段变化。例如,Liang等人探讨了问题解决和推理引发的困惑状态下alpha波的变化,发现困惑会增加与任务相关的皮层区域的大脑活动。其研究结果还表明,前额区域负责处理新信息或不熟悉的信息,而顶叶-颞叶区域参与在信息不足引起的困惑中维持注意力或重定向。

总之,脑电模式的分析是连接教育学、认知科学、神经科学和心理学等多个学科领域的桥梁,它使得研究者能够从微观层面上理解大脑的运作原理,为揭示学习活动中隐藏的规律提供了重要的视角。

6.3 小　　结

本章首先讨论了一项关于在线视频学习中认知负荷脑机接口的研究,通过介绍这项重要认知状态识别系统的设计、系统构建与验证,使读者对认知负荷脑机接口的工作原理有一个基本认识。在此基础上,本章对节律特点及相关的脑活动等展开讨论。

学生的认知状态是决定学习效果的关键因素之一。与教育和计算机科学有关的研究人员已开发出各种方法来描述和监测学习认知状态。数字环境下的认知状态评估使为学生提供适应性教学和个性化学习成为可能。这种评估与现实课堂中的教师一样,可以根据学生的认知状态调整讲课的速度和内容,从而提高学生的兴趣和参与度,使教学更有效果。近年来,越来越多的研究集中于各种认知状态的测量方式,其中生理测量能够实现实时监测,特别是基于 EEG 的脑活动测量。学生在学习教材时所经历的认知负荷的多少决定了学习成功与否。

本研究的动机来自于在线课程学习情境中基于被动式脑机接口的认知负荷监测系统的缺失。在前期工作中,本研究设计并提出了一种实时被动式脑机接口系统,该系统使用基于 EEG 的脑电设备 Emotiv Epoc+持续监测认知负荷,该设备在大规模在线开放课程(MOOCs)等在线数字环境下工作具有可行性。我们选择了两个电极来提取原始脑电信号,并将信号分解为 theta 和 alpha 波段。目前的原型能够记录学习者观看在线课程视频时的脑电信号,并对其认知负荷水平进行分类。该原型有两层,采用机器学习方法进行分类。

参 考 文 献

[1] ANDUJAR M, GILBERT J E. Let's learn!: enhancing user's engagement levels through passive brain-computer interfaces[C]//CHI' 13 Extended Abstracts on Human Factors in Computing Systems. Paris France. ACM, 2013: 703-708.

[2] SZAFIR D, MUTLU B. Pay attention!: designing adaptive agents that monitor and improve user engagement[C]//Proceedings of the SIGCHI Conference on Human Factors in Computing Systems. Austin, Texas, USA: ACM, 2012: 11-20.

[3] SWELLER J. Cognitive load during problem solving: effects on learning [J]. Cogn Sci, 1988, 12(2): 257-285.

[4] SWELLER J, VAN MERRIËNBOER J J G, PAAS F. Cognitive architecture and instructional design: 20 years later[J]. Educ Psychol Rev, 2019, 31(2): 261-292.

[5] BRUNKEN R, PLASS J L, LEUTNER D. Direct measurement of cognitive load in multimedia learning[J]. Educ Psychol, 2003, 38(1): 53-61.

[6] WANG S Y, GWIZDKA J, CHAOVALITWONGSE W A. Using wireless EEG signals to assess memory workload in the n-back task[J]. IEEE Trans Human-Mach Syst, 2016, 46(3): 424-435.

[7] HONAL M, SCHULTZ T. Determine task demand from brain activity[C]//Proceedings of the First International Conference on Bio-inspired Systems and Signal Processing, January 28-31, 2008. Funchal, Madeira, Portugal: Science and Technology Publications, 2008: 100-107.

[8] GRIMES D, TAN D S, HUDSON S E, et al. Feasibility and pragmatics of classifying working memory load with an electroencephalograph[C]//Proceedings of the SIGCHI Conference on Human Factors in Computing Systems. Florence, Italy: ACM, 2008: 835-844.

[9] ANTONENKO P D, NIEDERHAUSER D S. The influence of leads on cognitive load and learning in a hypertext environment[J]. Comput Hum Behav, 2010, 26(2): 140-150.

[10] HEGER D, PUTZE F, SCHULTZ T. Online workload recognition from EEG data during cognitive tests and human-machine interaction[M]//Lecture Notes in Computer Science. Berlin, Heidelberg: Springer, 2010: 410-417.

[11] GEVINS A, SMITH M E, LEONG H, et al. Monitoring working

memory load during computer-based tasks with EEG pattern recognition methods[J]. Hum Factors, 1998, 40(1): 79-91.

[12] LEI S, ROETTING M. Influence of task combination on EEG spectrum modulation for driver workload estimation[J]. Hum Factors, 2011, 53(2): 168-179.

[13] GEVINS A, SMITH M E. Neurophysiological measures of working memory and individual differences in cognitive ability and cognitive style [J]. Cereb Cortex, 2000, 10(9): 829-839.

[14] MOGNON A, JOVICICH J, BRUZZONE L, et al. ADJUST: an automatic EEG artifact detector based on the joint use of spatial and temporal features[J]. Psychophysiology, 2011, 48(2): 229-240.

[15] HJORTH B. EEG analysis based on time domain properties [J]. Electroencephalogr Clin Neurophysiol, 1970, 29(3): 306-310.

[16] VAPNIK V N. The Nature of Statistical Learning Theory[M]. New York: Springer, 2000.

[17] SZAFIR D, MUTLU B. Pay attention!: Designing adaptive agents that monitor and improve user engagement[C]//Proceedings of the SIGCHI Conference on Human Factors in Computing Systems. Austin, Texas, USA: ACM, 2012: 11-20.

[18] SAUSENG P, GRIESMAYR B, FREUNBERGER R, et al. Control mechanisms in working memory: a possible function of EEG theta oscillations[J]. Neurosci Biobehav Rev, 2010, 34(7): 1015-1022.

[19] STIPACEK A, GRABNER R H, NEUPER C, et al. Sensitivity of human EEG alpha band desynchronization to different working memory components and increasing levels of memory load[J]. Neurosci Lett, 2003, 353(3): 193-196.

[20] LIANG Y, LIU X, QIU L, et al. An EEG study of a confusing state induced by information insufficiency during mathematical problem-solving and reasoning [J]. Computational Intelligence and Neuroscience, 2018, 2018: 1 - 13.

第7章　脑机接口在教育领域中的未来研究展望

研究人员做了许多有益的尝试来研究基于脑机接口的教育应用或教学系统,关于学习情绪和认知负荷的探索已经取得了一定的成果。然而,在这一研究领域仍存在诸多挑战。在本章中,笔者从理论和实践两个角度,对基于脑电的脑机接口在教育中的应用和相关问题进行了讨论,并对脑机接口在教育中的未来应用方向进行展望。

7.1　相关理论研究的挑战与展望

7.1.1　学习情绪与认知状态的定义与模型

研究人员尚未全面揭示学习行为与内部情绪激发之间的关系。此外,对于学习中的情绪反应,学术界还未能提出一个统一且科学的定义。已有研究所提出的学习情绪模型主要基于对学习过程的观察和经验,未考虑的因素较多,常常缺乏实验验证及量化参数,未形成定量描述。而缺乏学习模型的理论指导会导致在学习情绪识别研究上,情绪的诱发和识别准确率低。

因此,在学习情绪模型方面,需考虑学习过程和学习活动中所有相关认知状态或情绪及其动态特征,除研究情绪的正向、负向等外,还需探索状态转换条件、转换阈值、学习者个体差异等,经过一系列实验验证,形成用于描述认知变化的情绪理论模型及概念化参数,才能有效指导相应情绪的识别,为个性化学习和推荐奠定基础。此外,还需要更精细化的研究方法来探索情绪如何影响学习过程,以及这种影响又如何反过来塑造学习者的情绪体验。

7.1.2 脑电模式

脑电模式是理解认知状态的基础及核心,分析脑电数据并挖掘脑电模式是理解神经机制的手段之一,也是学习情绪和认知状态识别中刻画情绪、定义情绪的基准。脑电的 alpha、theta 等节律的振荡能够反映认知与记忆等认知活动的表现,目前,有关认知状态和情绪的脑电模式较多针对注意力、认知负荷及基础情绪,虽然国内外研究学者在理解学习情绪方面取得了初步成果,然而目前关于各类学习情绪和认知状态的节律特征、脑区活跃位置及功能性脑网络特征的研究仍处于起步阶段。

一方面,研究不足导致了学习情绪和认知状态的智能识别缺乏理论依据支撑。例如,逻辑推理是诱发困惑的情况之一,即个体在进行基于规则的推理或解决谜题时无法推断出规则。除此之外,也有其他情况可以诱发困惑,如新出现的信息与学习者现有的认知结构不一致。这两种困惑是否是同质的,需要通过研究相应脑部活动是否类似或一致才能确定。

另一方面,学习情绪和认知状态脑电模式研究的缺失,也会使得基于脑机接口的识别技术在教育的应用中受阻,如在实时应用中减少无关电极数量、提取关键脑电特征进行分析、获取反映相应情绪的理想指标等。

7.1.3 分析与反馈

情绪感知智能导学系统[1](Emotion-Sensitive Intelligent Tutoring System,EITS)是将情绪识别与感知集成在智能导学系统中,并把学习者的认知与情感状态评估纳入到调节反馈策略中。目前,EITS 主要调节负向情绪并优化学习者参与度,提高学习体验、提升学习效果。在调节策略方面,Lazarus 等人[2]将策略分为问题聚焦和情绪聚焦策略,前者旨在解决引起情绪状况的问题,如在学习过程中向学习者提供与课程内容相关的定义和示例,后者旨在减轻和管理由环境等引起的负面情绪的强度,如提供鼓励学习者的话语界面。Gross

等人[3]将策略分为先行聚焦和反应聚焦策略,前者发生在情绪反应之前,包括情境选择和调整、注意力调整和认知重估,后者在情绪反应之后发生,主要调节体验、行为和生理反应。例如,Strain 等人[4]在情绪自适应智能教学系统中嵌入认知重估策略,提升了学习者的积极情绪并提高其阅读理解分数。Woolf 等人[5]的研究旨在降低学习负向情绪,使用了问题聚焦和情绪聚焦策略,包括提供移情反应、改变代理声音及手势、呈现图及提示、给予鼓励、将失败归因于外部因素并更换情境。Chaffar 等人[6]的系统旨在增加学习正向情绪,采用了问题聚焦和情绪聚焦策略,为学习者提供示例、定义及帮助学习者改变感知情境的方式。Rogrigo 等人[7]提出的 Scooter 系统,采用问题聚焦和情绪聚焦策略,包括提供元认知信息、正负向情绪表达以及补充练习等。

由上述研究的一系列策略和反馈可以看出,目前情绪感知智能导学系统的调节可分为基于教学策略的反馈和基于情绪调节策略的反馈,前者与课程内容相关,包括提示、示例、定义、练习等,后者与情绪相关,包括提供鼓励、移情、改变归因的提示和界面等。

认知状态与学习情绪脑机接口研究的三个重点分别是识别学习者的认知状态和学习情绪、分析这些状态、根据分析结果提供自适应调整和个性化学习内容。目前大多数教育脑机接口的研究是针对学习者认知或情绪状态的识别,而分析和反馈方面仍缺乏相关研究。

7.2 相关实践研究的挑战与展望

7.2.1 从二分类到复杂多级分类

目前的识别研究多集中在创建二分类或三分类模型上。而在实际的学习中,情绪变化是一个复杂的动态过程,其状态被认为是一个渐进的思维过程,它应该有许多细微的状态,而不仅仅是两个或三个状态。因此,更加细化的多级分类值得被深入研究,如何从脑电数据中找出这些差别细微的情绪认知状态,是一项挑战。

7.2.2 优化脑电数据采集与分析

脑电设备是一种特殊而昂贵的设备,以前只用于研究和医疗保健。最基础的设备通常需要花费上万元,其测试精度只能满足情绪识别的基本要求。在应用中,适合教学中使用的轻型脑机设备至关重要,脑电接口若在智能教学系统中得到广泛的应用,则需要在保证识别精度的前提下,降低成本,提升设备的便携性和舒适度。

与心电图相比,脑电数据信号较弱,易受受试者的运动、环境噪声等外界因素的干扰。因此,如何采集高质量的脑电数据、提高数据质量,如何消除数据中的伪迹,都是重要的挑战。从教学应用的角度来看,教学活动通常需要较长的学习周期,传统的课堂教学一般在 50 min 左右。长时间记录脑电数据:一方面会引入更多的伪迹;另一方面,这样的应用要求便携、成本低且精度高的设备及分析算法,而传统的脑电数据分析方法更适用于测量短期活动直接导致的大脑反应。

另一个挑战是为不同的学习阶段寻找适合的数据分析方法。有些学习活动持续较长的学习时间,有些则较短;有些学习活动在嘈杂的、交互较多的环境下进行,有些则是在学习者独处的学习环境下进行。通常,在那些持续时间较长、环境更复杂的学习中,检测学习情绪需要更健壮的分析算法和系统。

7.2.3 虚拟现实与脑电结合的系统

虚拟现实(Virtual Reality,简称 VR)是一种模拟体验,可再现现实世界场景或创建完全虚构的环境。通过虚拟现实技术,计算机能够创建和生成模拟环境,使得用户以不同程度沉浸到该环境中。得益于其卓越的沉浸感、互动性、想象力和智能化特点,虚拟现实已逐渐成为一个极具发展潜力的教育资源。近年来,结合虚拟现实和脑电技术的系统——VREEG 系统,日益受到科研人员的广泛关注。这种系统能够作为测试平台,用于诱发并研究更为复杂的情绪和认知反应。然而,这种新型的脑机接口系统面临着若干挑战。

首先,从设备技术集成的角度来看,脑电信号的采集通常需要佩戴专门的头戴式脑电设备,这可能与虚拟现实头戴显示器的穿戴便利性存在潜在的冲突。虚拟现实设备本身的重量和体积可能会限制脑电设备的舒适佩戴,特别是可能对前额叶和顶叶区域的电极信号质量产生影响,因此可能需要特别定制的配件来解决这些问题。

其次,优化用户体验也是一大挑战。当用户同时佩戴虚拟现实和脑电设备时,可能会感到不适,并引发诸如头部负担过重或热量积聚等问题。这些不适因素都有可能影响用户的参与度和体验时长。因此,开发一套轻便的集成系统对于提升用户体验至关重要。

最后,VREEG 系统的数据处理和分析面临诸多挑战。虚拟现实产生的数据与脑电信号之间的高效同步处理,需要开发更为复杂的同步系统和支持算法。

总的来说,虽然 VREEG 系统在推动学习情绪和认知研究方面展现出巨大潜力,但其技术实现和用户体验的优化仍需在未来的研究中不断探索和改进。

7.2.4 从单一模态到多模态

目前,在学习情绪和认知状态的识别研究中,出现了从单一的脑电模态到多模态方法的转变。多模态方法通过融合来自不同传感器的数据,包括脑电、面部表情识别、眼动追踪、和一些生理信号(如心率、皮肤电)等,提供更多维度的信息,从而提高学习者情绪和认知状态识别的准确性。例如针对注意力,脑电能够提供关于注意力水平的信息,而眼动数据可以提供注意力分配以及感兴趣区域的信息。此外,在单一模态系统中,数据的质量和可靠性会受到噪声等的影响,而多模态系统可通过多源数据互补,减少对单一数据源的依赖,从而增强鲁棒性。因此,多模态数据的应用使研究人员能够更深入地理解情绪与认知状态之间的相互作用及其对学习过程的共同影响,多模态方法在近年来也受到学术界越来越多的关注。

7.3 小　　结

未来的基于脑电的学习情绪与认知状态脑机接口研究应定位于方法论的探索,研究人员需要聚焦相关情绪的诱发范式设计、诱发资源库构建、脑电模式的探索,关注现有识别方法的验证和新的测量与识别方法的发掘,从而能够真正区分和识别学习中认知状态的变化,为教学系统的个性化学习、推荐和自适应调整奠定坚实的基础。

参 考 文 献

[1] RAJENDRAN R, IYER S, MURTHY S. Personalized affective feedback to address students' frustration in ITS[J]. IEEE Transactions on Learning Technologies, 2019, 12(1): 87-97.

[2] KEMPER T D, LAZARUS R S. Emotion and adaptation [J]. Contemporary Sociology, 1992, 21(4): 522.

[3] GROSS J J. The emerging field of emotion regulation: an integrative review[J]. Emotion Regulation, 1998, 2(3): 271-299.

[4] STRAIN A C, D'MELLO S K. Emotion Regulation During Learning [M]. Berlin: Springer, 2011.

[5] WOOLF B, BURLESON W, ARROYO I, et al. Affect-aware tutors: recognising and responding to student affect[J]. International Journal of Learning Technology, 2009, 4(3/4): 129.

[6] CHAFFAR S, DERBALI L, FRASSON C. Inducing positive emotional state in intelligent tutoring systems [J]. Artificial Intelligence in Education, 2009(4): 716-718.

[7] RODRIGO M M T, BAKER R S J D, AGAPITO J, et al. The effects of

an interactive software agent on student affective dynamics while using; an intelligent tutoring system [J]. IEEE Transactions on Affective Computing, 2012, 3(2): 224-236.